TESOROS OCULTOS

Cómo Concretar Nuestro Potencial

Basado en la Kabalá
y en las enseñanzas del
RABÍ NAJMÁN DE BRESLOV

Por
Jaim Kramer
con
Itzjak Bell

Traducido al Español por
Guillermo Beilinson

Publicado por
BRESLOV RESEARCH INSTITUTE
Jerusalem/New York

Copyright © Breslov Research Institute
ISBN 978-1-928822-25-7

Primera edición
2008
Título del original en Inglés:

Hidden Treasures

Para más información:
Breslov Research Institute
POB 5370
Jerusalem, Israel.

Breslov Research Institute
POB 587
Monsey, NY 10952-0587
Estados Unidos de Norteamérica.

Breslov Research Institute
c\o G.Beilinson
calle 493 bis # 2548
Gonnet (1897)
Argentina.
e-mail: abei1ar@Yahoo.com.ar

INTERNET: http//www.breslov.org

Diseño de cubierta: Ben Gasner

Impreso en Argentina

Este libro es dedicado

A la memoria de mis abuelos

**Leiluy Nishmat
Rajel bat Abraham z´l
Benzion ben Hilel z´l
Zeev ben Asher z´l
Pnina bat Shabza z´l**

En mérito de mis padres

**Asher (Oscar) ben Pnina
Jana (Alicia) bat Rajel**
Por su amor incondicional.
Que Hashem les conceda larga vida y satisfacciones
de sus hijos y nietos

En mérito de mi querida esposa

Jana (Karina) bat Malka
Fuente de mi bendición espiritual y material

En mérito de mis hijas

Tamar, Mijal y Naomi
Las expresiones de belleza y amor del Creador.
Que sigan el camino de la Torá y las buenas acciones

Iojai (Pablo) Boim

Índice

✧

Prefacio

Dijo el Rebe Najmán: "Yo los llevaré por un nuevo camino, un camino que nunca antes ha existido. En verdad es un camino muy antiguo. Y aun así es completamente nuevo"(*Tzadik* #264).

El sendero que el Rebe Najmán les reveló a sus seguidores al comienzo del siglo diecinueve les concierne igual o más aún, a aquéllos de nosotros que vivimos en el siglo veintiuno. Tanto entonces como ahora, la gente se ve confrontada con numerosos desafíos y obstáculos que le hacen difícil vivir la clase de vida que desean. Todos nos esforzamos por trabajar para ganarnos el sustento, por casarnos y tener hijos, mantener relaciones y encontrar caminos de plenitud en lugar de pasar nuestros días con un sentimiento de futilidad. Deseamos ser participantes activos del viaje de nuestras vidas, y no meramente observadores pasivos.

El Rebe Najmán también le tomó el pulso a la época y dijo, "Les diré un secreto. Un gran ateísmo está llegando al mundo".

Doscientos años más tarde, comprendemos exactamente de qué estaba hablando el Rebe Najmán. Sabemos que este ateísmo no significa solamente el abandono de Dios y de la religión, sino el extrañamiento de uno mismo. El Rebe Najmán se dirigió a una época en la cual los sentimientos de vacío serían predominantes mientras que, al mismo tiempo, brotaría en cada individuo el anhelo por cambiar y por realizarse. Él desarrolló sus enseñanzas para cubrir la necesidad de cada buscador, al igual que la del espectador no comprometido. La doctrina del Rebe es de alegría y de esperanza, fundada en el sentido común y alentando a cada uno a elevar cada vez más sus objetivos.

Lo que hace diferente al Rebe Najmán de otros maestros jasídicos es su capacidad de acceder a los misterios de la Kabalá y extraer consejos prácticos para vivir la vida con plenitud. Comenzando con uno de los primeros secretos de la Creación - cómo Dios creó el mundo tal como lo conocemos - el Rebe Najmán extrae una lección práctica de cada etapa de la Creación y de las Diez Sefirot, ordenándolas sobre una "mesa servida" para que cada uno de nosotros podamos verlas, elegir y probar. Al hacer descender hasta nuestro nivel los conceptos más esotéricos, el Rebe Najmán nos ha dejado un tremendo legado que puede ayudarnos a superar el ateísmo en el mundo y en nuestras propias almas.

Este libro le presenta al lector contemporáneo dos fascinantes oportunidades. La primera es *reconocer* los tremendos recursos y poderes que son únicamente suyos. Pues cada persona es «un mundo en sí misma», con atributos y capacidades únicas, y con debilidades y flaquezas propias. Sólo conociéndote a ti mismo podrás identificar y alcanzar tus objetivos más anhelados, ignorando a la vez lo que se encuentra más allá de ti o no es aplicable a tu vida. La segunda se centra en alcanzar ese *potencial*, aprendiendo a desarrollar de manera óptima tus fuerzas ocultas, para llegar a convertirte en la persona que deseas ser, para llegar a ser la persona que puedes, y que debes ser.

Tesoros Ocultos no es una introducción general a la Kabalá, ni un libro de divulgación periodística que explique cómo funciona el sistema Kabalista. Es una experiencia de aprendizaje, una guía para aplicar los más profundos misterios de la existencia a nuestras vidas, aparentemente mundanas. Se aplica a la persona común y al erudito, al religioso y al no observante, a los hombres y a las mujeres. Demuestra cuán grandes e importantes somos a los ojos de Dios, y cómo podemos concretar esa grandeza. Nos dice cómo controlar nuestras energías, inclusive en momentos de crisis y avanzar de un nivel a otro, creciendo incluso frente a la adversidad y especialmente ante ella. *Tesoros Ocultos* te llevará más allá de todos tus límites y te propulsará hacia alturas inimaginables.

* * *

Desearía expresar mi agradecimiento a mi querido amigo, Itzjak Bell, quien utilizó sus energías más profundas y todos sus poderes de persuasión para "forzarme" a emprender esta obra. Su recopilación y organización de las enseñanzas del Rebe Najmán tal cual se aplican a cada Sefirá hizo que este libro llegara a la existencia. A Y. Hall, por la edición, quien me forzó "sin excusas" a "concretar el potencial"de este libro, desafiándome a cada paso para hacerlo mejor. A nuestro equipo del Breslov Research Institute, quien hubo de acompañarme durante largos y frustrantes días y noches. Y por sobre todo, a mi esposa, cuya paciencia y resistencia la han hecho acreedora del premio de haber superado las provocaciones potencialmente más problemáticas, manteniéndose fiel pese a todo.

Jaim Kramer
Adar 5767/Marzo 2007

Parte I

CONCRETAR TU POTENCIAL

1

EL PODER DEL POTENCIAL

T odos tienen potencial. Un potencial enorme. Cuando desarrollamos nuestro potencial, podemos transformarlo en grandes actos y logros. Podemos vivir una vida de satisfacción. Nuestros días están plenos de sentido. El trabajo, el descanso y todas nuestras rutinas diarias pueden volverse significativas.

¿Qué es exactamente nuestro potencial? Más importante aún, ¿cómo podemos desarrollarlo?

El potencial es una energía única que Dios Mismo le otorgó a cada persona, y que reside dentro del alma única de cada uno. Podemos comprender mejor esta idea a partir del versículo (Génesis 2:7), "Dios insufló en él un aliento de vida". Es decir, cuando Dios insufló el alma dentro de Adán estaba insuflando en el hombre Su ilimitado poder y energía. Como explica el famoso Kabalista, el Ari (1534-1572), "Cuando Dios exhala, Él 'exhala' desde Su ser más interior. Más aún, una vez que este aliento es insuflado en el hombre, ya no puede ser separado de Él" (*Etz Jaim*, p. 68; ver *Innerspace*, p. 17; *Anatomía del Alma*, p. 30-31). Así, el hombre es un recipiente que contiene el aliento de vida de Dios, y mantiene una conexión directa con el Dios Infinito. Como recipiente, puede reflejar definitivamente ese "aliento", es decir, la energía que contiene. De esta manera, el hombre es un depósito de un potencial enorme y casi infinito.

El motivo por el cual no somos totalmente conscientes de nuestro potencial es su profundidad. Nuestro potencial está unido directamente a Dios, pero al igual que Dios, Quien no es fácil de percibir, nuestro potencial tampoco es fácil de percibir. Si pudiéramos mirar dentro de nosotros mismos para evaluar las fuerzas que poseemos, para repasar nuestras vidas y ver de dónde hemos venido y cómo hemos logrado aquello que hicimos hasta ahora, podríamos comenzar a reconocer un poco de ese potencial.

Todo en la creación muestra la misma profundidad. Por ejemplo, los científicos descubrieron primero el átomo, luego los neutrones, luego los *quarks*, etc. El descubrimiento de cada capa llevó a una búsqueda adicional de partículas más profundas y energéticas. De manera similar, innumerables capas envuelven el ser más interno de la persona. Cada nivel que se revela y se activa prepara la plataforma del próximo nivel que se debe alcanzar.

En general, la gente no sabe realmente cuál es su potencial ni cuán poderoso puede ser hasta que se enfrenta con un desafío. Entonces, de alguna manera, descubren enormes fuerzas o recursos con los cuales confrontar y superar situaciones difíciles o incluso imposibles. Al ser puestas a prueba, las personas llevan a cabo arriesgados rescates o actúan de maneras completamente diferentes de como suelen ser. En esos momentos, están extrayendo de esos tremendos depósitos de energía, guardados tan profundamente y que les permiten lograr tantas cosas, incluso aquéllas que parecen estar más allá de sus capacidades.

¿No sería bueno no tener que esperar un desafío para develar el misterio de nuestro potencial? ¿No sería mejor acceder a él cada vez que quisiéramos? Imagina cuánta satisfacción tendríamos si pudiéramos aprovechar su increíble poder.

Y podemos hacerlo, utilizando las herramientas de la Kabalá.

2

LAS HERRAMIENTAS

Saber que tenemos potencial es una cosa. Ser capaces de desarrollarlo es el paso siguiente. Tal como los metales y las piedras preciosas deben ser extraídos de la tierra mediante herramientas especiales, nosotros necesitamos herramientas apropiadas para "cavar" en nuestras profundidades y poder desarrollar nuestro potencial. ¿Cuáles son estas herramientas?

En el relato bíblico de la Creación vemos que Dios creó al hombre y lo colocó en esta tierra. Dado que la intención de Dios era que nos volviésemos seres humanos responsables, debemos suponer que Dios nos entregó las herramientas con las cuales podríamos desarrollarnos. Y en verdad así lo hizo: Él nos dio tanto un alma como un cuerpo, la capacidad de desarrollar nuestros pensamientos y de concretarlos. Usados en conjunto, el cuerpo y el alma son las herramientas que necesitamos para sobrevivir y triunfar en este mundo.

Dios nos dio un tercer regalo, el beneficio de Su Sabiduría y Su guía. Mediante Su Torá, Él nos enseña cómo crecer, madurar y alcanzar alturas sin paralelo, tanto emocional como espiritualmente. Sólo a través de la Torá, cuyas enseñanzas están explicadas y embellecidas en el prisma de la Kabalá y de la Jasidut, podemos comprender el poder que tenemos y la mejor manera de desarrollar nuestro potencial único.

¿Qué es la Torá?

La Torá es el documento recibido por el pueblo judío en el Monte Sinaí, hace cerca de 3300 años, y trasmitido en su totalidad por Moisés junto con la Tradición Oral que acompañaba a ese documento. La Torá Oral aclara el significado básico de la Torá Escrita (un texto extremadamente sintético que contiene mucho más que lo que revela) y explica cómo cumplir con sus preceptos. Dios entregó ambas, la Torá Escrita y la Torá Oral, en el Sinaí. Hoy en día la Torá Escrita es conocida como los Cinco Libros de Moisés y la Torá Oral como la Mishná, el Talmud, el Midrash, la Kabalá y los textos asociados.

La Torá Oral se relaciona con la Torá Escrita de cuatro maneras básicas, identificadas por el acróstico hebreo *Pardes* (ésta es la raíz de la palabra *Paraíso*, que hace referencia al Jardín del Edén). *PaRDeS* se refiere a los cuatro niveles de comprensión de la Torá: *Pshat* (el significado simple), *Remez* (alusión), *Drush* (lecciones morales) y *Sod* (el significado secreto, la Kabalá). Tomados en conjunto, estos cuatro niveles constituyen las claves necesarias para entrar al Paraíso de la Torá.

Con estas cuatro claves, la Torá se abre y revela no sólo sus propios secretos, sino también los secretos del universo, los secretos de la materia (el espacio), la historia (el tiempo) y el hombre (el alma y la conciencia). Si deseamos sondear los misterios de la Creación y de la existencia humana, la Torá es nuestro punto de partida. Éste es el documento que Dios creó antes de crear el mundo, y el cual Él utilizó como Su "anteproyecto" para la Creación. La Torá es nada menos que una iluminación de lo que llamamos la Mente de Dios. Es el conector conceptual entre Él y Su mundo, entre Él y nosotros.

En general, cuando hablamos de Torá, pensamos en ella como en un "cuerpo" de leyes plasmadas en la Torá Escrita y en la Torá Oral. Esto refleja nuestra idea de que la Torá es una estructura de conceptos que se presentan como la Halajá, el sistema legal de la Torá. Pero como cuerpo de leyes, la Halajá a veces parece carecer de esa dimensión interior que nos motiva a cumplirla, tal como puede observarse en muchos que se sienten alejados de su estudio y de su práctica. Al mirar solamente el cuerpo de la Torá, uno no logra reconocer su alma interior, la profundidad que se encuentra bajo la superficie. Aquí es donde entra en juego la Kabalá.

La Kabalá

En poco tiempo se ha difundido en el mundo una tremenda sed de espiritualidad. En cierto sentido, la vasta riqueza material y el confort con los cuales hemos sido bendecidos van acompañados ahora de una corrosiva falta de plenitud. Los beneficios materiales satisfacen, pero no duran mucho. Si comemos, al rato tenemos que volver a comer. Los placeres sensuales traen una cierta satisfacción, pero despiertan deseos adicionales. Todos sienten alguna falta, algún anhelo, algún deseo. "¿Cómo puedo experimentar una satisfacción duradera, una satisfacción que no desaparezca, que quede grabada en mi ser interior?", pregunta la gente. Este anhelo emocional ha llevado a que muchos busquen con vehemencia su conexión con Dios y con la Divinidad.

Para satisfacer la demanda, una plétora de libros ha inundado el mercado, entre los cuales vemos obras que aparentemente explican la Kabalá y la presentan como el medio más importante para unirse a lo Divino. El hecho de si la búsqueda de Dios es otra moda pasajera o una búsqueda realmente seria es algo que aún debe ser corroborado. Pero uno se pregunta: ¿Qué fue lo que hizo que la Kabalá se haya vuelto el manual popular de los buscadores? ¿Qué *es* exactamente la Kabalá?

La palabra hebrea *Kabalá* significa "recibido". Designa un conocimiento que ha sido recibido proféticamente y transmitido fielmente de generación en generación.

Uno de los principios básicos de la Kabalá es que todo lo que existe en la dimensión física tiene un paralelo en la dimensión espiritual. (En verdad, uno de los significados de la palabra *KaBaLaH* es *haKBaLaH*, que significa "paralelismo" o "correspondencia"). Esto está de acuerdo con la antigua enseñanza Kabalista: "Así como es arriba, es abajo; así como es abajo, es arriba".

Para poder comprender este principio, la etapa inicial del estudio de la Kabalá se dedica generalmente al dominio de su complejo sistema de correspondencias. Estas correspondencias de ningún modo deben ser pensadas como algo mecánico. Más bien, permiten acceder a una percepción interna de las interrelaciones que gobiernan toda la existencia, y nos retrotraen a la raíz y a la fuente de toda esta complejidad, al Ser Infinito Mismo, Quien creó y continúa sustentando todo el holograma multidimensional que llamamos "El Universo".

Para "pensar de manera Kabalista", debemos también entender de qué manera ello forma parte integral de la vida diaria. Por ejemplo, todo en la creación, incluyendo la humanidad, posee una naturaleza dual. Vemos que el cuerpo humano está compuesto de un sistema muy complicado e interconectado de órganos, articulaciones, tendones, venas, etc. Aun así y con todo lo complejo que es, el cuerpo no es más que una "forma". Carece de la capacidad de hacer algo por sí mismo a no ser que sea dirigido por una dimensión más profunda, es decir, el alma. Bajo la dirección del alma, todas las partes interconectadas del cuerpo juegan un papel para representar los deseos de la persona y permitirle alcanzar su objetivo. Por otro lado, una dimensión más profunda sin la forma que haría que esa profundidad se volviera una estructura concreta, dejaría todo en un estado de animación suspendida. No hay objetivo, porque no hay forma.

Así como el alma anima al cuerpo, la Kabalá le da vida a la Torá. Como mencionamos más arriba, la Torá es el documento recibido y transmitido por Moisés. De las cuatro claves para la comprensión de la Torá, las tres primeras, el significado simple, el sentido alusivo y las lecciones morales, están básicamente relacionadas con el "cuerpo" de la Torá, con la forma. Este cuerpo, al igual que el cuerpo humano, requiere de un alma que lo ponga en movimiento. La Kabalá es esa "alma", los misterios más profundos que develan los secretos más internos de la Torá. Como el alma de la persona, la Kabalá provee la atracción y motivación que llevan a la persona a buscar a Dios. Por extensión, la Kabalá también contiene la mística necesaria para motivar a la persona a desarrollar su potencial, a buscar más profundamente en la vida y en su significado.

Accediendo a la Kabalá

Si bien la Kabalá contiene los misterios de la Creación y en verdad, de la vida misma, ¿cómo puede la persona común encontrar en ella las respuestas que busca?

Incluso un estudio superficial de la Kabalá demuestra que la mayor parte de sus textos hablan de los Nombres de Dios y de sus aplicaciones correspondientes. Dado que la Kabalá tiene por objetivo revelar que Dios está en todas partes, tiene sentido que todo sea un paralelo de Dios y de la Divinidad. Sin embargo, la gran mayoría de la gente no comprende estos paralelismos, especialmente en los extensos textos de la Kabalá. E incluso si tenemos algún conocimiento del misterio de la presencia de Dios, ¿cómo nos ayudaría eso a aplicar este conocimiento a la vida diaria?

Esta pregunta es importante, pues refleja una enseñanza Kabalista fundamental. Cuando Dios creó al hombre, le dio el poder de elegir libremente hacer el bien o el mal. Cuando el hombre lleva a cabo buenas acciones, permite que la luz de Dios brille sobre este mundo material. Cuando realiza actos malvados, produce una obstrucción de la luz de Dios. Irónicamente, cuanto más se aleja uno de Dios, más grande es la revelación de la Divinidad que se necesita para retornar a Él. Una persona puede saltar sólo unos cuantos metros hacia arriba y esto con mucho esfuerzo, pero el poder de sofisticados cohetes puede elevar al hombre desde la tierra hasta la estratosfera. De la misma manera, aquél que está lejos de Dios requiere de una revelación mucho más grande de Él (es decir, una energía más poderosa que la comúnmente accesible) para saltar desde esta ciénaga material hacia la libertad espiritual.

Durante las primeras generaciones, los profetas, los sabios y aquellos con un alma pura, conocían muy bien la Torá Escrita y

Oral. Eso era suficiente para que experimentasen a Dios con una elevada conciencia, sin recurrir a las profundidades de la Kabalá. En esos días, el sistema Kabalista estaba reservado a unos pocos "iniciados", a quienes se les permitía profundizar en sus misterios, tal como vemos en el Talmud (*Jaguigá* 11b-14b) y en el Zohar.

Sin embargo, en las generaciones siguientes, la gente comenzó a alejarse de Dios y a hundirse en niveles inusualmente bajos. A medida que las generaciones caían, iban perdiendo su unión con los Mundos Superiores y más elevados. Ahora, en esta época tan difícil, la única energía que realmente puede llegar a nosotros se encuentra dentro de las enseñanzas de la Kabalá. Es el nivel de Keter, el nivel más elevado e inefable, que aún sigue iluminando los lugares más oscuros y sustentando a cada individuo (ver Parte III, capítulo 1). Es específicamente ese nivel el que desciende hasta nosotros, nos nutre y nos da sustento.

Enseña el Rebe Najmán:

> ¡Debes saber! La Torá investida en los más profundos ocultamientos es específicamente la Torá elevada [es decir, la Kabalá], que es la energía que Dios utiliza para sustentar los mundos inferiores. Es la energía que se encuentra en los lugares más bajos, dentro de aquellos que han pecado tanto que Dios está totalmente oculto de ellos... esto corresponde a (Éxodo 12:12, y *Hagadá de Pesaj*), "Yo pasaré esa noche por la tierra de Egipto", Yo, y no un ángel; Yo, y no un mensajero, "porque Yo soy Dios, Yo, y ningún otro". En la tierra de Egipto, donde el ocultamiento era muy grande, Israel estaba sumergido en las Cuarenta y Nueve Puertas de la Impureza, y así, específicamente allí, Dios Mismo está investido y oculto (*Likutey Moharán* I, 56:4).

Keter es también el nivel que provee las respuestas a los misterios de la vida. Otorga el consejo necesario para desarrollar nuestro potencial de modo que podamos enfrentar y superar los desafíos de la vida.

Pero, ¿cómo podemos nosotros, quienes tanto necesitamos de las enseñanzas de la Kabalá, comprender y acceder a sus profundidades ocultas?

En un asombroso vuelco de la historia, el conocimiento de la Kabalá, que una vez estuvo reservado a un selecto grupo de "iniciados", comenzó lentamente a revelarse a más y más personas, hasta que el Baal Shem Tov, fundador del Jasidismo, y su bisnieto, el Rebe Najmán de Breslov, hicieron que esas enseñanzas no sólo fueran accesibles sino también pertinentes a todos.

La decisión de revelarles la Kabalá a las masas no fue cosa fácil. Hasta la destrucción del Segundo Santo Templo en el año 68 E.C., y en los años que siguieron inmediatamente a ese cataclismo nacional, el conocimiento de la Kabalá estaba fuertemente restringido debido al temor de que sus ideas y el continuo uso de los Santos Nombres de Dios alentaran a que gente indigna realizara milagros invocando esos Nombres, extraviando más aún a la nación sometida en el exilio. Este temor fue validado por el Zohar mismo, que enseña que el principal motivo del largo exilio y de su opresivo sufrimiento se debe a que los misterios de la Torá les fueron revelados a los indignos (*Tikuney Zohar* #56, p.90a: cf. *Zohar* III, 128a).

Pero al aumentar las presiones del exilio, la opresión de la Iglesia, el nacimiento del Islam, la aparición de las sectas Karaitas y demás distorsiones de la Torá y del auténtico judaísmo, los Kabalistas decidieron finalmente expandir sus círculos. Esta expansión estaba dirigida originalmente a pequeños grupos de iniciados, pero creció rápidamente luego de que la Iglesia estableciera la Inquisición durante el siglo XV.

Con el advenimiento del Ari en el siglo XVI, la Kabalá comenzó a propagarse más aún. Muchas autoridades Halájicas, reconociendo la importancia de estas enseñanzas en su impacto sobre la gente común, comenzaron a incorporar enseñanzas Kabalistas en sus decisiones. Esto sucedió especialmente en el período que siguió a las masacres de Chmelnicki (1648-1649), que comenzaron en Ucrania oriental y se difundieron a lo largo de Europa, dejando cerca de un millón de judíos muertos y miles de comunidades judías en ruinas. Las masas buscaron esperanza y salvación entre las ruinas, anhelantes de todo le que pudiera sacarlas de su desesperación.

Desgraciadamente, en esa época se concretaron los temores de aquellos que proponían restringir la Kabalá debido a los indignos que pudieran abusar de su poder. En el año 1666, un carismático predicador judío llamado Shavtai Zvi comenzó a propugnar la Kabalá, utilizándola como base para sus heréticas interpretaciones de sí mismo, proclamándose como el tan esperado Mesías; logró engañar a muchos miles de personas, entre ellas a líderes rabínicos de la generación, y fue responsable, por sí solo, de la destrucción de cientos de comunidades judías alrededor del mundo, las que lo siguieron hacia la apostasía. El Shavetanismo continuó bien entrado el siglo XVIII, carcomiendo las bases de la fe y distanciando a miles de judíos de sus raíces.

Como secuela del desastre de Shavtai Zvi, la Kabalá volvió a ser el foco de una agitada discusión: "¿Debe ser revelada...?". "¿Realmente la necesitamos para mantenernos...?". Al tiempo en que estas discusiones se transformaban en debates y los debates degeneraban en abiertas batallas, el Baal Shem Tov hizo su aparición en escena.

Jasidut

Nacido en Ucrania en el año 1698, el Baal Shem Tov alcanzó increíbles niveles de espiritualidad. Su comprensión fue tan penetrante que pudo llevar las enseñanzas más esotéricas sobre Dios al nivel de la gente más ignorante. Él expuso sobre el carácter central del hombre en la creación y cómo Dios considera a todos con gran amor. Dios está *siempre* conectado con el hombre (ver arriba Parte I, capítulo 1). Sin embargo, depende del hombre desarrollar esa conexión y solidificarla. (Ver *Esta Tierra es Mi Tierra*, Parte VI, para una descripción de la revelación de la Kabalá durante el siglo XVIII).

El Baal Shem Tov conocía perfectamente los misterios ocultos de la Torá y podía aprovechar su energía. Él tomó los misterios más profundos de la Torá y los explicó revelando la Torá por lo que ella es: una guía para la supervivencia y la vida en este mundo.[1] El Baal Shem Tov fundó el movimiento Jasídico que, desde su comienzo, fue capaz de inspirar hasta a las personas más alejadas con un sentimiento real y profundo de la Divinidad.

El Baal Shem Tov no sólo sobresalió en su transmisión de la Torá, sino que también logró infundir en sus seguidores más importantes, grandes Kabalistas y hombres rectos de por sí, la misma capacidad de transmitir ese mensaje oculto para que los demás pudieran aprovechar la energía secreta de Keter. Keter es un paralelo del nivel de *Atika Stima* (el Anciano Oculto), de donde emana la Torá que será revelada en los días del Mashíaj. El Mashíaj mismo es llamado *Pele Ioetz* (Consejero Maravilloso), reflejando el hecho de que la Kabalá y los niveles ocultos de la Torá contienen el consejo que necesitamos para enfrentar los desafíos de la vida y poder superarlos.

El mundo de la Kabalá es único en el hecho de que de todos los textos de la Torá que podemos estudiar, las enseñanzas Kabalistas son las que más profundamente llegan al corazón. Incluso un estudio superficial de los escritos jasídicos revela enseñanzas que resuenan e inspiran al exponer sobre los misterios de la vida de una manera totalmente práctica. "¡Esto es algo con lo cual me puedo relacionar!" y, "¡Esto fue dicho especialmente para mí!", son algunas de las reacciones más comúnmente citadas luego de una sesión de estudio jasídico. Todos los maestros jasídicos desarrollaron sus propios y únicos estilos para trasmitir con elocuencia estas enseñanzas a aquéllos que seriamente buscaron la Divinidad en todas cosas.

Rebe Najmán de Breslov

De todas las grandes luminarias jasídicas, ninguno estuvo más capacitado para dominar esta capacidad de transformar lo esotérico en algo simple que el Rebe Najmán de Breslov (1772-1810). El brillo del Rebe Najmán, bisnieto del Baal Shem Tov, y su

---

[1] La palabra hebrea *ToRaH* comparte la misma raíz que la palabra *ToReH*, "enseñar" o "guiar".

capacidad para transmitir el mensaje Divino que emana de la Kabalá, es algo que puede verse en sus escritos, página tras página, párrafo tras párrafo y renglón tras renglón. Toda la Torá se encuentra "traducida" en sus enseñanzas en la forma de consejos eminentemente prácticos y personales. Estas enseñanzas fueron transcritas y difundidas por su discípulo más importante, el Rabí Natán de Breslov.

El presente libro te invita a tomar esos misterios ocultos de la Torá, revelados en la forma esotérica de la Kabalá, y transformarlos en guías para desarrollar tus capacidades y experimentar la vida como debe ser vivida, en toda su plenitud. Con el Rebe Najmán como nuestro guía, tomemos de los secretos misterios de la Torá para revelar la sabiduría de la Kabalá en su forma más elevada: el consejo práctico.

Parte II

EN EL COMIENZO

1

EL PRIMER PENSAMIENTO

Para comprender el funcionamiento interno del universo y poder así aprovechar su tremendo poder, debemos retrotraernos al comienzo, a la Creación. La Torá, que empieza "En el comienzo", es nuestra guía autorizada sobre lo que sucedió durante los Siete Días de la Creación. Aquello que sucedió antes de la Creación, es decir, cómo Dios consideró este nuevo proyecto y cuáles fueron Sus intenciones, caen dentro del ámbito de la Kabalá.

Los relatos que leemos en la Torá no son simplemente páginas de nuestra historia. Su objetivo es ser una guía para cada uno de nosotros en esta vida que nos toca vivir. Afirman las Escrituras, "Éste es el libro de las crónicas de *Adam* (hombre)" (Génesis 5:1). El Rabí Natán explica que este versículo significa, "Estos relatos son las crónicas de cada persona". Todos y cada uno pueden encontrar una dirección para sí mismos y para sus objetivos recurriendo a la Torá y estudiando sus profundidades, para interpretar su significado a un nivel personal (ver *Likutey Halajot, Nesiat Kapaim* 5:27).

Del mismo modo, las enseñanzas Kabalistas sobre cómo llegó el mundo a la existencia iluminan la manera en la cual también nosotros podemos alcanzar nuestros objetivos. La descripción que hace la Kabalá del proceso de Dios para crear "paso a paso" este mundo, al igual que la creación de todos los Universos Superiores que lo precedieron, no nos muestra un desarrollo arbitrario. A través del proceso de la Creación, Dios creó un "anteproyecto" espiritual que se aplica tanto a la formación de nuevos mundos como, en el plano humano, a la elección de una carrera o a la decisión de encarar una tarea difícil. El primer paso en el proyecto de Dios, así como en el nuestro, es el "primer pensamiento".

El Rabí Shlomo Alkabetz, importante Kabalista del siglo XVI, compuso el himno *Leja Dodi* que se canta en todas las congregaciones durante el servicio de la noche del viernes. En este himno escribió, "Lo último en la acción es lo primero en el pensamiento". A primera vista, esto se refiere a la creación del Shabat, el último día y el objetivo de los primeros seis días de la Creación. Pero también se aplica a la manera en que debemos encarar cualquier objetivo. Nuestro potencial para lograrlo reside dentro de nuestros propios e individuales pensamientos. Debemos aprender cómo reaccionar ante nuestros pensamientos y cómo centrarnos en ellos, utilizando nuestras capacidades creativas para aferrar las dimensiones de nuestras ideas y construir los parámetros necesarios para que estos "primeros pensamientos" puedan transformarse en acciones reales.

Para ilustrar cómo funciona esto, el Rebe Najmán da el ejemplo de alguien que quiere construir una casa. Al comienzo, el constructor debe imaginar cómo será la casa, dónde será construida y el tiempo que llevará su construcción. Luego de dibujar los planos, de elegir el lugar y de resolver el tiempo de ejecución, comprará la propiedad y los materiales y se pondrá a trabajar. La acción final de completar la casa estaba en verdad en su primer pensamiento, pues él imaginó su construcción hasta el mínimo detalle. Así, "Lo último en la acción (la casa terminada) es lo primero en el pensamiento", ese primer pensamiento contenía todo en "potencia".

Los seres humanos creativos y pensantes son el objetivo de la Creación. El Rebe Najmán repetidamente les dijo a sus seguidores que no hay, ni hubo, ni habrá dos personas que sean exactamente iguales. Cada uno de nosotros tiene cualidades inusuales que nos permiten desarrollar nuestra originalidad. El mensaje del Rebe Najmán es claro: las personas no son clones, y tratar de ser "como los otros" automáticamente inhibe la creatividad. Debemos centrarnos en nuestras *propias* fuerzas individuales y perfeccionarlas. Sólo entonces podremos desarrollar plenamente nuestro potencial.

Con estas ideas en mente, examinemos ahora cómo Dios creó el mundo, y los mensajes que Él quiso transmitirnos.

2

EL TZIMTZUM

(Antes de exponer sobre los siguientes principios de la Kabalá, debemos recordar una advertencia muy importante de los Kabalistas: Nunca debemos atribuir ninguna forma física ni a Dios ni a los mundos espirituales. Toda la terminología antropomórfica mencionada en la Kabalá es sólo utilizada para hacer comprensibles conceptos profundos. De este modo, estaremos ilustrando la Creación utilizando términos figurativos como "ira", "paciencia", "amor", "alegría", "mano derecha", "mano izquierda", "cuerpo", "mente", etc. La utilización de estos términos evidentemente humanos, tanto de emoción como de forma, no se aplican literalmente a lo Divino).

Cuando Dios concibió la Creación, todo el universo llegó a la existencia tanto "en potencia" como "en acto". Dado que Dios no está sujeto a las reglas de la forma, del espacio ni del tiempo (que Él Mismo creó), cuando Dios "piensa" en algo, lo "potencial" y lo "concreto" son siempre uno. La diferencia entre ambos sólo existe desde nuestra perspectiva. Más aún, debido a que estamos limitados por la forma, por el espacio y por el tiempo, sólo podemos concebir el pensamiento de Dios como "anterior" a la Creación y la manifestación de ese pensamiento como "posterior" a la Creación. Por lo tanto, Dios "tuvo que", si así pudiera decirse, delinear el proceso de la Creación para mostrarnos cómo utilizar nuestros propios poderes creativos para separar entre ambos.

Antes de la Creación, sólo existía Dios. Dios es conocido como el *Ein Sof* (El Infinito), y Él está en todas partes. El concepto de "Infinito" es tan imposible de comprender que los Kabalistas ni siquiera hablan de Dios como el *Ein Sof*. Más bien, se refieren a Él como el *Or Ein Sof* (La Luz del Infinito). Sin embargo, podemos decir que al existir sólo Dios, no había lugar para que nada más pudiese existir simultáneamente. ¿Cómo llegó entonces el mundo a la existencia? El Ari describe la manera en que tuvo lugar la Creación:

> Antes de que todas las cosas fueran creadas... La Luz Superna era simple [es decir, completa y perfecta]. Ella llenaba toda la existencia. No había espacio vacío que pudiera ser caracterizado como espacio, como vacío o como desocupado. Todo estaba lleno de esa simple *Or Ein Sof* [Luz del Infinito]. No había categoría de comienzo ni categoría de final. Todo era una simple e indiferenciada Luz Infinita.

> Cuando se elevó en Su Simple [es decir, perfecta] Voluntad el crear mundos y emanar emanaciones... Él constriñó [retrajo] Su Esencia Infinita desde el punto central de Su Luz [por supuesto que, dado que el Infinito no tiene un punto central, esto se dice sólo desde el punto de vista del Espacio que está por ser creado]. Él retrajo entonces esa Luz [más aún], alejándola hacia las extremidades alrededor del punto central, dejando un Espacio Vacío (*Jalal HaPanui*).

> Luego de esta retracción que dio como resultado la creación de un Espacio Vacío en el mismo centro de la Luz Infinita del *Ein Sof*, hubo entonces un *lugar* para todo lo que iba a ser emanado [*Atzilut*], creado [*Beriá*], formado [*Ietzirá*] y completado [*Asiá*]. Él trazó entonces un *Kav* [Línea] simple y recta desde Su Luz Infinita Circundante hacia dentro del Espacio Vacío. Este *Kav* descendió en etapas dentro del Espacio Vacío. La extremidad superior de este *Kav* tocaba la Luz Infinita del *Ein Sof* [aquélla que rodeaba el Espacio], y se extendía hacia abajo [dentro del Espacio Vacío hacia

su centro], pero no totalmente hacia el otro extremo [para que el Espacio Vacío no colapsara y volviera a unirse en la Luz Infinita de Dios]. Fue a través de este *Kav*, [como un conducto], que la Luz del *Ein Sof* fue hecha descender y expandirse debajo... Mediante este *Kav* la Luz Superna del *Ein Sof* se expandió y extendió, fluyendo hacia abajo, hacia los universos que se encuentran dentro de ese Espacio y ese Vacío (*Etz Jaim, Drush Igulim v'Iosher* 1:2).

De este modo, una pequeña retracción de la Divinidad fue luego expandida llegando a ser un vacío de Divinidad conocido como el Espacio Vacío. Sólo dentro de este Espacio Vacío podía llegar a la existencia el mundo. En el lenguaje de los Kabalistas, el proceso de crear este Espacio Vacío se denominó el *Tzimtzum*, la "constricción" o "retracción" de la Divinidad, implementada por Dios para "hacer un lugar" para el resto de la Creación. Recién luego del *tzimtzum* hubo un espacio para la Creación. En verdad, inmediatamente después del *tzimtzum*, Dios comenzó a crear, a formar y a hacer todos los Universos Superiores, las Diez Sefirot y los Mundos Supernos, culminando con la creación de nuestro mundo físico.

Lo que hace único al concepto del *tzimtzum* es que aunque su energía representa una retracción, es esa misma energía la que permite que la creatividad se concrete, tal cual veremos.

Apliquemos el Acto de la Creación a nuestras propias vidas (basado en la lección del Rebe Najmán en el *Likutey Moharán* I, 66). Tal como decimos en nuestras plegarias diarias, la Creación se vuelve a repetir cada día (cf. "Él renueva cada día el acto de la Creación" [*Plegarias de la Mañana*]). Dicho en forma simple, cada día es un día *nuevo*. Nos despertamos con ideas frescas, nuevas percepciones, proyectos y objetivos que deseamos completar, para nuestra familia, nuestra carrera, nuestras necesidades emocionales o nuestros deseos espirituales. Cada día la persona puede utilizar su creatividad para abordar un viejo problema a partir de un ángulo diferente, considerar una manera creativa de embarcarse en un nuevo sendero, comenzar una nueva dieta, reorganizar los ejercicios, el descanso o los hábitos de dormir, comenzar una nueva relación, etc.

Así como el primer paso en la Creación fue el pensamiento de Dios de crear el mundo, de la misma manera, nuestros primeros pensamientos representan el potencial de transformar las ideas en algo concreto.[2] Sin embargo, en el comienzo, los pensamientos no siempre están enfocados. Tal vez estemos abrumados por todas las cosas que nos gustaría lograr y sintamos que no hay suficiente tiempo para hacerlo todo. Es posible que los pensamientos nos iluminen la mente con una luz brillante, pero carecen de una dirección clara.

Debemos comenzar aclarando la forma y la naturaleza temporal y espacial de nuestro objetivo. Es por esto que el paso siguiente luego del "primer pensamiento" es el *tzimtzum*. En términos prácticos, esto significa delinear nuestros planes. De manera similar a la construcción de una casa, debemos concebir una forma, un lugar y un marco temporal dentro del cual acotar nuestras intenciones dentro de proporciones accesibles y manejables.

Sin embargo, al comenzar a desarrollar nuestros pensamientos invariablemente nos encontramos con problemas y obstáculos inesperados. Es verdad que habíamos anticipado el hecho de que habría desafíos y que seguramente podríamos superarlos. Pero no bien enfrentamos los obstáculos, comenzamos a cuestionar nuestras decisiones, a encontrar las dificultades materiales (por ejemplo, las restricciones con el tiempo, con los familiares o financieras), o quedar empantanados en los detalles. Es posible que perdamos la paciencia, que nos sintamos frustrados e incluso desubicados ante la "imposibilidad" de nuestra misión. También es posible que sucumbamos a la ira.

¡Pero eso es exactamente lo que se supone que debe suceder (no la ira ni el trastorno)! En el ámbito de lo "potencial", las cosas parecen fáciles. Sin embargo cuando nos abocamos a realizar la tarea, las cosas no suceden como las planeamos. En realidad

---

[2] El Rebe Najmán enseña que cuando uno origina un pensamiento que le trae un deseo de lograr algo, ya ha creado un alma "en potencia". (La palabra hebrea para alma, *Nefesh*, también denota "deseo"). Para llevar esa nueva alma hacia la acción, uno debe articular claramente su deseo (*Likutey Moharán* I, 31:6-8).

estas experiencias son un resultado natural de nuestro propio proceso personal de "creación". Ellas representan el *tzimtzum*, esas restricciones que nos llegan cuando tratamos de llevar nuestros pensamientos de lo "potencial" a lo "concreto". Experimentamos sentimientos de frustración y de ira en particular porque el *tzimtzum* connota restricción y también puede implicar ira.

Uno de los motivos por los cuales Dios creó el *tzimtzum* fue para enseñarnos la manera apropiada de desarrollar nuestro potencial. La idea de la restricción nos demuestra cómo separar lo "potencial" de lo "concreto" para permitir que emerja lo "concreto". El proceso de "separación" es una función en sí misma.

Recordemos que cuando Dios pensó en crear el mundo, fue como si el mundo ya hubiera sido creado. Sin embargo, para que el hombre pudiera existir, Dios tuvo que "separarse" a Sí Mismo del mundo, si así pudiera decirse, para que el hombre no se viera abrumado por Su tremenda Luz. Ese proceso de separación es algo difícil (no para Él, sino para nosotros), pero es necesario para hacer que lo potencial llegue a concretarse.

Para comprender cómo encaja el proceso de "separación" en la idea del *tzimtzum*, volvamos a la descripción de la Creación que hacen Las Escrituras (Isaías 48:13): "Mi mano [izquierda] (*af Iadi*) ha establecido la tierra, y Mi [mano] derecha ha medido los Cielos". Dios formó los Cielos y la Tierra con Sus "dos manos".

Imagina que estás tratando de construir algo con las dos manos. Si estuvieran unidas no podrías construir nada. De modo que cuando Dios comenzó a crear el mundo, aunque en Él todas las cosas (lo potencial y lo concreto) están unidas, Él "separó" lo potencial de lo concreto para dar comienzo al proceso creativo. Esta es la alusión a la "mano derecha" y a la "mano izquierda" de Dios. Hace referencia a una separación y/o apertura entre la "derecha" y la "izquierda", entre lo "potencial" y lo "concreto".

El Rebe Najmán agrega que lo hecho por Dios está aludido en el comienzo del versículo, "*af Iadi*". La palabra hebrea *af* también se traduce como "ira", representando la restricción. Las constricciones, la ira y la frustración que experimentamos, son lo que nos da la energía para acercarnos a nuestros objetivos y aprender a separar entre lo potencial y lo concreto.

Todos podemos imaginar un mundo idílico pero nunca llegamos a él. Hay demasiados sufrimientos, enfermedades, pobreza y crímenes cerrando el camino hacia los planes más utópicos. Debemos hacer el esfuerzo de diferenciar entre lo que nos gustaría, lo que realmente queremos, y lo que honestamente podemos lograr. Esta separación puede llevar fácilmente a la frustración y a la ira por no poder cumplir con los objetivos, pero eso sería algo contraproducente. La restricción, el *tzimtzum*, provee de un filtro para ayudar a aclarar nuestros pensamientos y llevarnos a enfrentar la realidad: "¿Qué es lo que *realmente* puedo lograr?".

El *tzimtzum* sirve para sacarnos de nuestro mundo de ensueño y despertarnos a la vida real. Nos advierte sobre la tarea que debemos realizar, ayudándonos a ser conscientes de lo que podemos alcanzar. Su verdadero propósito es crear una atmósfera de tranquilidad *dentro de nosotros mismos*, aquietando y controlando el flujo de actividad a nuestro alrededor, y haciendo que comprendamos cuánto podremos lograr al ponernos a trabajar.

Por extensión, el *tzimtzum* nos enseña que las primeras características que debemos cultivar son la paciencia con nosotros mismos y la tolerancia hacia los demás. Al ejercitar la paciencia, podemos controlar las restricciones de nuestras vidas. "No puedo bajar diez kilos en un solo día, pero puedo ser paciente y bajar todos esos kilos de más en un período de tiempo". "No puedo ahorrar mucho dinero con mi salario. Pero puedo ser paciente y guardar un poco cada mes de modo que al final pueda tener una suma considerable".

La tolerancia también forma parte integral de nuestros objetivos. Hay mucha gente a la que amamos, otros a quienes queremos amar, algunos ante quienes nos sentimos indiferentes y otros con quienes no deseamos tener nada que ver. Cada una de estas personas, a su modo, puede presentar un obstáculo para nuestros objetivos. Debemos aprender a restringir la ira y a generar nuestra propia atmósfera tranquila para aumentar las posibilidades de éxito.

Ciertamente el atributo de la paciencia se aplica en igual medida, si no más, a la búsqueda del crecimiento emocional y espiritual. Más que nada, la persona debe centrarse en estos últimos objetivos, si desea llegar a estar en control de sí misma.

"En el comienzo creó Dios los Cielos y la Tierra. Y la Tierra estaba informe y vacía, con la oscuridad sobre la faz del abismo, [pero] el espíritu de Dios sobrevolaba sobre las aguas. Y Dios dijo, 'Haya luz'" (Génesis 1:1-3).

Ante todo debe preceder la creatividad de nuestros pensamientos, los "Cielos", donde yace nuestro potencial. Luego, debemos tratar de transformar esos pensamientos en "Tierra", en un lugar utilizable y productivo. Pero antes es necesario encarar el *tzimtzum*, la falta de forma, la desolación, la oscuridad y el abismo. Sabemos que *podemos* lograrlo, dado que el "espíritu de Dios" sobrevuela sobre nosotros y dentro de nosotros, en la forma de nuestras almas (ver Parte I, capítulo 1). Si nos conectamos con ese espíritu, nuestras almas nos impulsarán hacia delante, hasta que también nosotros podamos declarar, "¡Haya luz!".

1

3

EL ESPACIO VACÍO

L uego de la creación del primer *tzimtzum*, Dios continuó retrayendo Su presencia y expandiendo el tamaño del Espacio Vacío. Dentro de ese Espacio Vacío procedió a crear, a formar y a hacer los diferentes mundos, de los cuales hay cinco: *Adam Kadmon* (Hombre Primordial), *Atzilut* (Cercanía o Emanación), *Beriá* (Creación), *Ietzirá* (Formación) y *Asiá* (Acción). En nuestro mundo, que es parte de *Asiá*, Dios creó las galaxias, el sistema solar, el planeta Tierra y el hombre. Dios también creó las Diez *Sefirot* (Luminarias, Iluminaciones o Energías), con las cuales dirige el mundo (ver Parte II, capítulo 4).

El Espacio Vacío representa un área desprovista de Divinidad, dado que Dios Se retrajo a Sí Mismo de ese espacio para "hacer un lugar" para la Creación. Sin embargo, la verdad es que ningún lugar puede existir sin la Divinidad que lo sustente. Por lo tanto, Dios debe estar en ese vacío. Pero si Él está allí, ¡entonces no es un Espacio Vacío! De modo que Dios no puede estar allí. Pero aun así... Ésta es la paradoja del Espacio Vacío.

> Enseña el Rebe Najmán:
> El Santo Nombre creó el mundo en Su profunda compasión.
> Él deseó revelar Su compasión, pero sin un mundo, ¿a quién podría revelársela? De modo que trajo a la existencia a toda

la Creación, desde la más elevada emanación hasta el más bajo punto dentro del centro del mundo físico, todo para demostrar Su compasión.

Cuando el Santo Nombre decidió crear los mundos, no había lugar en el cual hacerlo. Esto se debía al hecho de que todo lo existente era Su Esencia Infinita [que impide la existencia de algo finito]. De modo que Él retrajo Su Luz. En virtud de este *tzimtzum*, un Espacio Vacío llegó a la existencia. Fue dentro de este Espacio Vacío que fue creado todo.

El Espacio Vacío era absolutamente necesario para la Creación. Sin él, no hubiera habido lugar en dónde crear el universo. Este *tzimtzum*, que dio como resultado el Espacio Vacío, nos es por el momento absolutamente incomprensible. Solamente en el Mundo que Viene seremos capaces de entender su concepto. Esto se debe a que sólo podemos atribuirle [al Espacio Vacío] dos estados mutuamente excluyentes, es decir, existencia y no-existencia.

El Espacio Vacío llegó a la existencia como resultado del *tzimtzum*, del cual [por así decirlo] el Santo, bendito sea, retrajo Su Esencia. Por tanto, la Esencia de Dios no existe [en este Espacio]. Si Su Esencia estuviese allí, este Espacio no sería vacío y no habría nada más que la Esencia Infinita. Si así fuese, no habría lugar en absoluto para la creación del universo.

Sin embargo, la verdad es que la Esencia de Dios debe estar en este Espacio, pues no cabe duda de que nada puede existir sin Su Fuerza de Vida. [Por tanto, si la Esencia de Dios no existiera en el Espacio Vacío, nada más podría existir allí]. Es imposible que el ser humano entienda el concepto del Espacio Vacío; y sólo en el Mundo que Viene podrá ser comprendido (*Likutey Moharán* I, 64).

La imagen de Dios retrayendo Su Luz (o Esencia) no debe ser tomada de manera literal. Dios existe igualmente en todos lados y en todo momento. "Retraer Su Luz" del "Espacio Vacío" para "hacer un lugar" para la Creación no implica, de manera alguna, que Él ya no estaba, o que ya no está más allí. Dios estaba "allí" tanto antes como después de que Él crease el Espacio Vacío, y antes y después de que introdujese el *Kav* (el "Rayo" o "Línea" que desciende desde el "borde exterior" del Espacio Vacío hasta el punto central exacto del Espacio Vacío).[3]

La diferencia entre "antes" y "después" sólo existe desde nuestro punto de vista, porque el mundo entero fue creado sólo en aras de la humanidad. Dice el Ari que el motivo por el cual Dios creó el Espacio Vacío fue *para permitirle al hombre una existencia independiente y la libertad de elección*. Dios ciertamente existe dentro de toda la Creación, pues sin Divinidad nada puede existir. Pero si la existencia de Dios fuese clara y obvia en este mundo, el hombre no tendría libertad de elección. Por ese motivo, Dios retrajo Su Luz, si así pudiera decirse, para ocultarse del hombre y *hacer parecer* como si hubiese un vacío, un lugar desprovisto de Divinidad.

Con la libertad de elección, la persona puede elegir servir a Dios y realizar buenas acciones o, por el contrario, oponerse a Dios y transgredir Sus directivas. La existencia del Espacio Vacío dentro del cual Dios creó los mundos nos enseña que también nuestra misión en la vida es ser creativos y construir un mundo mejor, una vida mejor para nosotros y para aquéllos con los cuales estamos en contacto. Si nos oponemos a Dios y nos negamos a aceptar nuestra misión, contradecimos la razón de la Creación y destruimos esencialmente aquello que otros han construido, haciendo retornar al mundo a un estado de caos y de desolación, de oscuridad y de abismo (cf. Génesis 1:2).

Podríamos pensar que existe una tercera opción, simplemente sentarse y no hacer nada, ni bueno, ni malo. Sin embargo, la elección de "no hacer nada" no es una opción válida (cf. Rashi sobre Números 15:41). Dado que el Espacio Vacío es precisamente eso, un "espacio vacío", aquél que elige no hacer el bien ni construir, ni hacer el mal ni destruir, vivirá simplemente una existencia vacía. En el Futuro Último, cuando los otros reclamen su recompensa por los esfuerzos positivos, puede que no reciba por

---

[3] Más aún, Dios continúa existiendo dentro de la creación en forma inmutable, aunque la creación misma se encuentra en un continuo fluir. Ésta es otra paradoja del Espacio Vacío.

sus malas acciones, pero experimentará un eterno vacío como "recompensa" por su falta de esfuerzo.

La libertad de elección es uno de los componentes más increíbles de toda la Creación. ¿Puede alguien imaginar un gobernante que les da a sus súbditos la libertad para rebelarse en su contra? Aun así, Dios creó al hombre con el intelecto y la capacidad de volverse contra Él si así lo desea. Al mismo tiempo, el Espacio Vacío nos da la oportunidad de emular a Dios creando una vida de bien para nosotros, para nuestros vecinos y para nuestro medio. En términos simples, cada persona tiene su propio "espacio vacío" dentro del cual puede ejercer un control total para construir (o destruir) su propia vida.

La Fe

"Si crees que puedes destruir, ¡también debes creer que puedes reparar!" (*Likutey Moharán* II, 112).

Cuando se trata de construir nuestras vidas, lo que es útil para una persona no lo es necesariamente para otra. Pese a lo que se da por supuesto, *no todos* somos creados iguales. Todos fuimos creados por el Dios Único, pero cada uno de nosotros es singular y tiene un potencial diferente. Cada uno de nosotros tiene la capacidad de cambiar su vida, así como también la vida de aquéllos que lo rodean, de una manera que ningún otro puede hacerlo.

Así es que tratamos de desarrollar *nuestro* potencial. Tratamos, de la mejor manera posible, o no tanto, de llegar a ser alguien, de avanzar y de construir una vida satisfactoria. ¿Cómo sabemos que podemos triunfar? ¿Qué nos da el derecho a esperar lograrlo? Y, ¿qué nos da la fuerza para continuar intentando? Para responder a estas preguntas, nos volveremos hacia otra idea que está enraizada en el Espacio Vacío, el concepto de la fe.

En general, la fe denota religión. Decimos que la gente se adhiere a ésta o a esa otra fe, o incluso a ninguna fe en absoluto. El judaísmo, la base de la Kabalá, se funda en cuatro tipos de fe que son cruciales para su observancia:

1: Fe en Dios
2: Fe en la Torá
3: Fe en los Tzadikim (personas rectas)
4: Fe en uno mismo

Obviamente, la fe en Dios es de suprema importancia. Sin la fe en Dios, carecemos de la conciencia crucial de estar conectados con el Infinito y de tener por lo tanto una Fuente Infinita de Recursos a la cual podemos recurrir en todo momento y en todas las circunstancias. Esta fe es extremadamente vigorizante y alentadora porque, sin importar en qué situación nos encontremos ni qué suceda a nuestro alrededor, es a través de esa situación misma que podemos acceder al Uno que creó todo y que controla todo.

La fe en la Torá es esencial para alcanzar la fe en Dios. Nuestra herencia nos enseña que la Torá es un producto de la Sabiduría de Dios y que es el anteproyecto para la creación del mundo. Dios le dio Su Torá al pueblo judío en el Sinaí, para que pudiera utilizarla con el fin de controlar y transformar el mundo material en un vehículo para el reconocimiento de Dios, en todas las circunstancias. Si carecemos de fe en la Torá, nuestra conexión con Dios y nuestra capacidad de tomar de los Recursos Infinitos se ve grandemente debilitada, dado que la única manera en que sabemos algo de Dios es a través de Su Torá.

La fe en los Tzadikim nos ayuda a comprender la Torá y su mensaje, y en última instancia, a llegar a Dios. Nuestros sabios enseñan que la Torá Oral fue entregada junto con la Torá Escrita (ver Parte II, capítulo 2); los Tzadikim, maestros de la Torá Oral, nos ayudan a acceder a toda la Torá. Sus enseñanzas abren el camino a los mensajes más profundos de la Torá y nos revelan el poder y la fuerza que yacen bajo la superficie de este mundo. Este conocimiento es esencial para desarrollar nuestro potencial, que también yace bajo la superficie.

Sin embargo, sin la fe en uno mismo las otras clases de fe tienen poco significado. ¿Para qué servir a Dios? ¿Para qué esforzarnos en estudiar "libros viejos" o las enseñanzas de los sabios de antaño? ¿Qué tiene que ver todo esto conmigo? Sólo si cada uno cree, "Yo, como persona, fui creado por Dios, Quien me puso en este planeta con mis propias y únicas fortalezas (y debilidades) y me dio la capacidad de lograr lo que fuere mientras esté con vida", entonces nuestras vidas adquieren un significado real. "Dado que Él me creó, ¡Él me quiere! ¡Él me ama!". La persona que cree que es importante a los ojos de Dios sabe que no fue colocada aquí de manera azarosa. Está viva por una razón; tiene un propósito acerca del cual irá aprendiendo más y más a lo largo de su vida. Y junto con la convicción de que su vida tiene un propósito, tiene fe en sí misma, en que podrá alcanzar y lograr sus objetivos.

Al igual que la paradoja del Espacio Vacío, la fe también es algo que trasciende la razón: "No sé si puedo lograrlo, pero *creo* que puedo hacerlo". Esta idea es particularmente importante a la luz del hecho de que la Creación sólo puede tener lugar dentro de un Espacio Vacío. Este espacio representa un vacío, un territorio desconocido en el cual encaramos los desafíos de la vida. No estar seguros de lo que debemos hacer puede ser una experiencia atemorizante. ¡Pero así es como crecemos!

Hablando en general, las personas son "criaturas de costumbre". Al enfrentar un nuevo desafío o confrontar una nueva situación, un cambio en una relación, una nueva oportunidad de trabajo, etcétera, solemos buscar aquello que es familiar. Es natural que nos sintamos aprensivos ante lo desconocido: "¿Qué significa esto para mí?", "¿Cómo afectará mi vida?". Por eso buscamos lo conocido o lo usual. Pero no debemos temer lo desconocido. ¿Sentir aprensión? Por supuesto. Pero, ¿tener miedo? ¡No! Debemos comprender que sólo dentro de un territorio desconocido, de nuestro propio "espacio vacío", puede tener lugar la creación y el desarrollo de nuestro potencial.

La siguiente historia ilustra este punto:

Henry Ford, el magnate de la industria automotriz, estaba entrevistando a un ingeniero que buscaba trabajo en la Ford Motor Company. Fueron a cenar y ordenaron chuletas. Mientras esperaban que los sirvieran se pusieron a conversar acerca de los arreglos laborales. Cuando llegaron las chuletas, el ingeniero procedió a ponerle abundante sal a su porción antes de probarla. Ford le dijo que, después de todo, no lo iba a contratar pues, "Si no está dispuesto a probar algo nuevo sin recurrir a sus viejas costumbres, ¡no es lo suficientemente creativo para trabajar con nosotros!".

La vida está llena de desafíos. Algunos de ellos podemos encararlos; otros ciertamente trataremos de evitarlos. Pero en verdad no tenemos elección sobre aquello que debemos enfrentar. Las cosas suelen presentarse en nuestras vidas en los momentos menos oportunos y de las maneras más inesperadas. Si tenemos fe en nosotros mismos, si somos optimistas acerca de nuestra capacidad de pensar con claridad y de alcanzar decisiones responsables utilizando los recursos y el conocimiento disponibles, entonces podremos encarar casi cualquier situación y transformarla en una nueva y hermosa creación.

Creando Nuestro Propio "Espacio Vacío"

Hemos visto (Parte II, capítulo 1) que el potencial de la persona se basa en el desarrollo de los pensamientos que le entran en la mente. Hemos visto también que el "espacio vacío" es ese campo abierto en el cual la persona puede formar su propio mundo. En un maravilloso paralelo del acto original de la Creación, el corazón, cuando está influenciado por los pensamientos de la mente, tiene la capacidad de crear su propio "espacio vacío" dentro del cual puede tener lugar una nueva creación.

El Rebe Najmán explica que esto se produce mediante nuestra capacidad de elegir aquello en lo que debemos pensar. Si elegimos pensamientos buenos, del servicio a Dios y del cumplimiento de buenas acciones, desarrollaremos tendencias y deseos positivos, ayudando a construir el mundo. Sin embargo, si elegimos tener pensamientos malos e inmorales, llenamos el vacío dentro del corazón con veneno espiritual y emocional. Llevar nuestro potencial en esa dirección da como resultado el desarrollo de deseos negativos y la contaminación de nuestro mundo.

Si percibiéramos con claridad los resultados de nuestras elecciones, sería difícil elegir otra cosa que el bien y el servicio a Dios. Si percibiéramos con claridad la Sabiduría de Dios y Su grandeza, nos veríamos consumidos por un irresistible deseo de unirnos a Su Luz Infinita. El saber que nuestras almas mismas están enraizadas en Dios y que Su aliento nos conecta directamente con Él, hará que nunca queramos ser alejados de Su presencia. En verdad, esta única y particular relación con Dios es la que nos confiere en primera instancia nuestro potencial.

Sin embargo, para desarrollar el potencial debemos experimentar primero un *tzimtzum*, una restricción de la Divinidad y crear un "espacio vacío" propio en el cual podamos operar. Así como la Luz de Dios estaba en todas partes y Él talló un Espacio Vacío para "hacer un lugar" para la Creación, también nosotros debemos "hacer un lugar" en nuestros corazones para una "buena creación", dentro de la cual pueda entrar y habitar la Divinidad. Esto se logrará teniendo buenos pensamientos y obteniendo niveles de conciencia mejores y más elevados. Entonces podremos merecer una revelación mucho más grande de la Divinidad.

En verdad, al transformar nuestros corazones en un "espacio vacío" para recibir la Divinidad, podemos formar nuevas creaciones simplemente albergando buenos pensamientos. Entonces podremos elevarnos al nivel de realizar milagros, emulando el milagro original de la Creación (ver *Likutey Moharán* I, 49: 4,13).

4

LA ROTURA DE LOS RECIPIENTES

Como etapa siguiente en la Creación, Dios formó Diez Sefirot que actúan como canales o filtros para trasmitir Su Luz y Abundancia. Estas Diez Sefirot fueron herramientas necesarias para Su plan, pues sin ellas, la Luz Infinita de Dios habría abrumado y anulado los mundos y los seres que fueron colocados en los niveles más bajos de santidad y de espiritualidad.

Pero fue necesario un paso más antes de la creación de los mundos inferiores. La prospectiva de que estos mundos inferiores recibirían un suministro constante de Luz Divina iba en contra de otro objetivo de la Creación, consistente en que el hombre debía tener libertad de elección (ver Parte II, capítulo 2). Como explica el Ari (*Etz Jaim* 8:6), si la Luz Infinita de Dios estuviera siempre manifiesta, el hombre no tendría libertad de elección. Si la persona fuera constantemente consciente de Dios, le sería imposible transgredir Su Voluntad. De modo que Dios ocultó Su Luz, y así permitió que el hombre eligiera libremente entre hacer el bien o hacer el mal.

Con este fin, Dios diseñó las Diez Sefirot originales con una falla intrínseca. Cada Sefirá consiste tanto de luz como de un recipiente (que es una luz menor que actúa como receptáculo de la luz mayor). Dios diseñó primeramente las Sefirot-receptáculos como entidades separadas incapaces de sustentarse unas a las otras. Cuando Él hizo brillar Su Luz en estos recipientes, éstos no pudieron soportar la intensidad del flujo y se quebraron. Algunos de los fragmentos fueron arrojados muy lejos y formaron las *klipot* (fuerzas del mal), dando nacimiento a un ámbito externo donde la presencia de Dios está casi totalmente oculta. La existencia de estas *klipot* creó un equilibrio entre el bien y el mal en la Creación, permitiendo que el hombre tuviera libertad de elección.

Luego de la Rotura de los Recipientes, Dios "rediseñó" las Sefirot para que los recipientes no volvieran a ser abrumados por la Luz y fueran capaces de contener la Luz y de filtrarla hacia abajo, hacia nuestro mundo. Al mismo tiempo, algunos de los fragmentos de los recipientes quebrados descendieron a los ámbitos más bajos en los cuales se crearon los mundos inferiores, incluyendo el planeta Tierra. Estos fragmentos, conocidos como "chispas de santidad", fueron diseminados por toda la creación. Más tarde, cuando Adán comió del prohibido Árbol del Conocimiento del Bien y del Mal, produjo un daño mayor en estas chispas de santidad, arrojándolas más abajo aún. Una de las misiones espirituales del hombre es recoger estas chispas allí donde se encuentren y elevarlas a su nivel original. Esta misión se logra por medio del estudio de la Torá, de la plegaria y de la realización de buenas acciones.

Así como la Rotura de los Recipientes tuvo lugar a un nivel macrocósmico, también tiene lugar a nivel microcósmico, dentro de cada individuo. Cada nuevo comienzo crea su propio *tzimtzum*. Y cada *tzimtzum* es seguido inmediatamente por un "descenso de la luz" y una "rotura de los recipientes". Más aún, cada persona posee chispas de santidad que son únicas a su psique y que se ven afectadas por su medio ambiente, por su cultura y por su educación. Con el "bien" en la Creación representado por el logro de nuestros objetivos y el "mal" en la Creación representado por los desafíos y frustraciones que encontramos en el camino, apliquemos la lección de la Rotura de los Recipientes a nuestra vida diaria.

Cuántas veces volvemos a comenzar, con nuevo entusiasmo y confianza. Pero poco después nuestra decisión se debilita y vemos que vamos abandonando esas grandes intenciones. A veces nos fortalecemos en nuestra resolución y tomamos los primeros pasos hacia el objetivo, pero al ver que no podemos alcanzarlo inmediatamente perdemos el entusiasmo. Todo esto indica que la "luz" del potencial es demasiado "intensa". No nos hemos preparado adecuadamente con los "recipientes" necesarios, es decir, la resolución absoluta de llegar a la plenitud de nuestro objetivo.

Más aún, las frustraciones, los desafíos y los obstáculos que surgen por todos lados les ponen un freno a nuestros planes, como si dijeran, "Los fragmentos y los trozos rotos de los recipientes quebrados de mis errores pasados y de mis juicios erróneos siguen interponiéndose en el camino". Por supuesto que todo objetivo digno tendrá sus obstáculos, y es verdad que ellos surgen de nuestros errores, pero no podemos dejar que nos impidan alcanzar lo que es en justicia nuestro. En lugar de verlos como problemas, debemos considerarlos como desafíos que pueden renovar nuestra resolución, para propulsarnos hacia alturas más elevadas. Cada vez que veamos apagarse nuestros buenos deseos, deberemos "rediseñar" nuestro proceso de pensamiento para afrontar lo que haya delante.

Además, las "chispas de santidad" nos enseñan cómo fortalecernos y tener éxito en nuestros esfuerzos. Dado que estas chispas existen como parte de nuestra psique, finalmente llegaremos a estar en contacto con más y más de ellas en las diferentes etapas de nuestra vida. Cada vez que experimentamos una "quebradura" (es decir, nos enfrentamos con un obstáculo que nos saca del camino), podemos volver a reconsiderar nuestro enfoque, a revaluar nuestros intentos, y a fortalecer nuestra resolución para continuar con la búsqueda original o, de lo contrario, concebir un enfoque nuevo frente al mismo problema.

El Rabí Natán hace notar que la historia de Adán comiendo del fruto prohibido y produciendo un mayor daño a las chispas de santidad contiene un importante mensaje personal. Durante el curso de nuestras vidas realizamos muchas buenas acciones; y es muy probable también que hagamos "un desastre" aquí y allá. Cada vez que hacemos algo incorrecto, producimos una microcósmica "rotura de los recipientes" y una mayor dispersión de las chispas de santidad.

Éste parece ser un problema de nunca acabar, donde cada error o mala acción intencional quiebra nuestros recipientes en fragmentos cada vez más pequeños. Pero también todo esto puede servir como una gran fuente de consuelo para aquéllos que verdaderamente desean hacer de sus vidas algo significativo. A partir de la falla podemos aprender que los objetivos que buscábamos eran "demasiado grandes" o que estaban más allá de nuestro alcance. Cada "rotura" sirve para quebrar esos intentos en objetivos más pequeños, ¡en objetivos alcanzables! Finalmente, y pese a los muchos contratiempos, aquéllos que buscan constantemente la realización, alcanzarán un punto límite que los catapultará entonces hacia alturas más grandes de éxito en sus emprendimientos (*Likutey Halajot, Birkot HaReiaj* 4:45).

De esta manera podemos reflejar el Acto de la Creación, reconstruyendo y restaurando nuestros "recipientes quebrados" a medida que nos esforzamos por concretar nuestros objetivos.

Parte III

LAS ENERGIAS DE LAS SEFIROT

1

LAS DIEZ SEFIROT

Aquí presentamos un breve sumario de los poderes de las Sefirot tal como se aplican a nuestros estudios en este libro. Hemos provisto este sumario y los paralelos con el cuerpo humano porque son muy útiles al describir estas energías y cómo funcionan. Para más información sobre las Sefirot y una introducción detallada a la Kabalá en general remitimos al lector al libro *Innerspace* del Rabí Aryeh Kaplan, Moznaim Publishers, Brooklyn, N.Y. Para un estudio más profundo de la Kabalá y del cuerpo humano, ver *Anatomía del Alma* por Jaim Kramer, Breslov Research Institute.

El Ari nos dice que luego de que Dios retrajo Su esencia y creó el Espacio Vacío, hizo descender dentro del Espacio Vacío un *Kav* (Rayo o Línea) simple y recto desde Su Luz Infinita Circundante. A través de este *Kav*, la Luz Superna fue hecha descender y se difundió en los universos que debían ser creados. El *Kav* descendió en etapas, conocidas como *Sefirot*.

Las Diez Sefirot contienen las energías de todo en la Creación. Las Sefirot también representan los poderes y las fuerzas con los cuales el ser humano puede "realizar" su propia vida, desarrollando su potencial y concretando sus objetivos. Se dice de las Sefirot que algunas representan "mentalidades" o "procesos del pensamiento" mientras que otras representan "características", "atributos" o "instrumentos" a través de los cuales podemos hacer realidad nuestros pensamientos.

Estos son los nombres de las Diez Sefirot,[4] ordenados de manera descendente:

Sefirá	Traducción
Keter	Corona
Jojmá	Sabiduría
Biná	Comprensión
(Daat)	Conocimiento
Jesed	Bondad
Guevurá	Fuerza
Tiferet	Belleza
Netzaj	Duración
Hod	Esplendor
Iesod	Fundamento
Maljut	Reinado

En el pensamiento Kabalista, las Sefirot difunden la Luz del Infinito filtrándola hacia este mundo material de una manera beneficiosa para todos. Ellas también representan los poderes básicos necesarios para que podamos funcionar. Esto puede verse en la ortografía hebrea de la palabra *SePhiRá*, que comparte la misma raíz que *SaPeiR* (comunicar). Etimológicamente, la palabra es similar a *SaPiR* (brillante o luminaria), y está relacionada con *SaPhaR* (bordes).

Desde nuestro punto de vista en un mundo finito, el concepto de "infinitud" se encuentra verdaderamente más allá de toda concepción. Los Kabalistas, reconociendo la incapacidad finita del hombre para reflexionar sobre algo infinito, hablan de Dios como la

---

[4] El lector perspicaz habrá notado que en la lista hay once Sefirot. El Ari explica que Daat es una cuasi-Sefirá, dado que representa la manifestación externa de Keter. Cada vez que se mencionan las funciones de Keter, las primeras tres Sefirot son conocidas como Keter, Jojmá y Biná. Cuando la Kabalá habla en general de las tres Sefirot superiores, hace referencia a Jojmá, Biná y Daat.

"Luz del Infinito". Las Sefirot cubren la distancia entre el Infinito y lo finito canalizando y modulando la Infinita Luz de Dios a medida que desciende a nuestro mundo. Dado que demasiada santidad en un momento determinado abrumaría el mundo material, las Sefirot tamizan la Luz de Dios en grados cada vez más pequeños, comenzando en el nivel más elevado de Keter y terminando en Maljut, la Sefirá inferior. Maljut es el "agente activo" o "interfase" entre Dios y Su Creación. Desde este nivel, la Luz de Dios es administrada a este mundo en la forma de conciencia espiritual y abundancia material.

Las Sefirot no son un camino de sentido único. Como interfase entre Dios y Su Creación, Maljut también representa el poder de recibir las ofrendas de cada persona, desde este mundo material, y enviarlas hacia arriba, hacia Dios. Así, las Sefirot actúan como interfases de diversos grados entre Dios y el hombre. Ellas filtran el "brillo" de la Luz de Dios hacia niveles de intensidad cada vez más mesurados para que podamos recibir esa Luz dentro de parámetros (es decir, "bordes") con los cuales lograr relacionarnos. También actúan como medios de "comunicación" entre Dios y el hombre y entre el hombre y Dios.

En nuestro contexto, las Sefirot representan los diversos poderes y energías a través de los cuales podemos expresar nuestros pensamientos y deseos, y ejercitar nuestras capacidades. Éstas son las herramientas esenciales con las cuales podemos desarrollar nuestro potencial y alcanzar nuestros objetivos. Para apreciar la aplicación práctica de estas energías a nuestra vida diaria, exploremos dos aspectos importantes de las Sefirot: sus paralelos físicos con el cuerpo humano y su funcionamiento de acuerdo con el principio de las energías opuestas.

Paralelos en el Hombre

"Y Dios creó al hombre a Su imagen... a imagen de Dios Él lo creó, hombre y mujer los creó" (Génesis 1:27).

Dios no tiene forma ni imagen, ni tampoco hay nada que pueda ser utilizado para describirlo de manera alguna (*Rambam, Hiljot Iesodei HaTorá*, capítulo 1). Por lo tanto, ¿qué quiere decir que Dios creó al hombre "a Su imagen"? Esta expresión se refiere a las Diez Sefirot que Dios utilizó para crear y establecer todo en el universo. La Kabalá enseña que cada Sefirá tiene tanto un paralelo físico con el cuerpo humano como un paralelo conceptual con el intelecto, como sigue:

Sefirá	Representación Física	Representación Conceptual
Keter	cráneo	voluntad, propósito
Jojmá	cerebro derecho cerebro	axiomas mente
Biná	cerebro izquierdo corazón	lógica
(Daat)	[bulbo raquídeo/médula]	[conexiones]
Jesed	mano/brazo derecho	bondad, dar
Guevurá	mano/brazo izquierdo	juicio, restricción
Tiferet	torso	verdad, armonía
Netzaj	pierna derecha	victoria, resistencia
Hod	pierna izquierda	empatía, sumisión
Iesod	órgano sexual	pacto, canal
Maljut	boca, pareja	autoridad, recibir

Notemos que las Sefirot superiores representan el intelecto y los procesos del pensamiento, mientras que las Sefirot inferiores, desde Jesed hacia abajo, representan características de comportamiento. Es importante recordar esto cuando examinemos cómo las energías de las Sefirot se corresponden con las maneras en que el hombre utiliza estos poderes. También es importante notar que las descripciones antropomórficas son sólo representaciones de las Sefirot, pues ni ellas ni Dios tienen imagen alguna y no puede decirse que posean "cabeza, brazos, piernas", etc. Sin embargo, al esquematizar las Sefirot de una manera antropomórfica, podemos comenzar a visualizar un sistema de energías mayores y menores y comprender cómo cada una encaja perfectamente en su lugar.

El versículo citado más arriba se refiere a la creación del "hombre y de la mujer" por parte de Dios. Esta forma de la creación no se aplica solamente a los seres humanos. Enseñan nuestros sabios que Dios creó todo en este mundo como masculino o femenino, incluyendo los miembros de los reinos animal, vegetal y mineral (*Bava Batra* 74b; ver comentarios). Esto también se aplica a las Sefirot, que están designadas como energías "masculinas" o "femeninas", en un sistema ordenado en tres columnas, con la columna del centro representando una fusión de estas energías, como sigue:

Columna Izquierda	Columna Central	Columna Derecha
(Principio Femenino)	(Interacción-Armonía-Unión)	(Principio Masculino)
	Keter	
Biná	[Daat]	Jojmá
Guevurá	Tiferet	Jesed
Hod	Iesod	Netzaj
	Maljut	

Esta división de las Sefirot no es al azar. Tanto la asignación de energías masculinas y femeninas como el sistema de tres columnas revelan la fuente de la poderosa energía de la Sefirot.

En primer lugar, el concepto de masculino y femenino refleja la idea de la interrelación y del "dar y recibir". El Talmud (*Nidá* 31b) explica que la palabra hebrea para masculino, *ZaJaR*, indica *Ze KaR* (esto es un regalo), aludiendo al papel del benefactor. La palabra hebrea para femenino, *NeKeVaH*, connota *NaKi VaH* (ella ha venido con las manos vacías), indicando un recipiente o beneficiario. Para que el mundo pueda sobrevivir, siempre debe haber "benefactores" y "beneficiarios".

La unión entre marido y mujer ilustra en la práctica estos dos papeles. El hombre es quien da la simiente y la mujer quien la recibe. Sin embargo, estos roles no son inmutables. Cuando la simiente se recibe y se desarrolla, transformándose en un niño, entonces la mujer asume el papel de benefactor y el niño es el beneficiario. Lo mismo puede aplicarse a la familia. El marido puede traer los fondos para que la esposa compre el alimento para la familia. Aquí el marido es el benefactor y la esposa es quien recibe. Pero cuando la esposa sirve la comida, ella se transforma en el benefactor mientras que el marido es el beneficiario.[5]

De manera similar, cuando el granjero siembra un campo, él le está "dando" la simiente a la tierra y es considerado así el benefactor. Pero cuando la tierra produce sus frutos, ésta se transforma en benefactor mientras que el granjero es el beneficiario. El cuerpo y el alma connotan la misma relación. El alma (benefactor) anima al cuerpo (beneficiario). Pero es sólo debido a que el cuerpo come y fija los nutrientes que el alma se mantiene unida al cuerpo. El cuerpo se transforma en benefactor mientras que el alma es el receptor.

En la escala más elevada de todas, Dios es El Benefactor, dando vida, bendiciones y abundancia, y la humanidad es el beneficiario. Pero cuando nosotros realizamos buenas acciones Le damos a Dios el *najat* (alegría y placer) de obedecer Su Voluntad, entonces nosotros nos volvemos benefactores y Dios se transforma en El Beneficiario.

Sólo cuando los conceptos de benefactor y de beneficiario interactúan entre sí puede llegarse a un resultado. Ésta es la idea clave en el proceso de concretar nuestro potencial. Debemos saber cuándo dar el próximo paso, igual que el benefactor que evalúa y se prepara para satisfacer las necesidades de otro. También debemos saber cuándo dar un paso atrás, tal como un beneficiario que podría sentirse abrumado o avergonzado. A veces debemos empujar hacia adelante para poder materializar nuestras ideas, y

---

[5] Hablando en términos médicos, vemos que todos los hombres tienen una cierta cantidad de estrógeno, la hormona femenina, mientras que todas la mujeres tienen algo de testosterona, la hormona masculina. Esto se debe a que cada ser humano tiene un papel establecido para actuar, pero ese papel cambia constantemente de acuerdo con las circunstancias. Así, "Hombre y mujer Él los creó".

a veces debemos reconocer que forzar la situación es un error y que es momento de retroceder.

En sí mismas, las energías masculino-femeninas son insuficientes para canalizar una nueva creación. Si están desequilibradas, una abruma a la otra y hace prevalecer su postura. Si están igualadas, se mantienen en una situación de enfrentamiento, llevando las ideas de cada una hacia el ámbito de la argumentación y de la indecisión. Si la esposa quiere contratar a un constructor para hacer una nueva cocina pero el marido quiere ahorrar dinero y hacerlo él mismo, la fuerza de la opinión de cada uno es suficiente para que se produzca un estancamiento más que una situación de trabajo. Para alcanzar un resultado positivo las energías opuestas deben primero enfrentarse y luego fundirse de manera armoniosa.

El sistema de tres columnas ejemplifica esta dinámica. Algunas Sefirot representan la columna derecha/masculina, otras representan la columna izquierda/femenina, y las restantes son un paralelo de la columna central/unidad. En su estado normativo, las Sefirot siempre están divididas en estas tres columnas, que representan un estado de equilibrio y aluden a la estabilidad de nuestras vidas. Sin embargo, para efectuar un cambio y un crecimiento, las Sefirot se dividen en dos columnas: "derecha e izquierda", "masculino y femenino". Estas energías divididas crean una poderosa tensión entre los lados opuestos. Para desarrollar apropiadamente estas energías, debemos encontrar un equilibrio entre ellas - una formación mutuamente beneficiosa para ambas fuerzas opuestas - para crear así una atmósfera armoniosa. Cuando ambas partes trabajan en conjunto, es posible concretar el potencial. El principio básico se encuentra en la Tercera Ley de la Física de Newton: "Para cada acción, existe una reacción igual y opuesta".

El cuerpo y el alma interactúan bajo el mismo principio de peso y contrapeso. En sí mismos y por sí mismos no tienen propósito alguno. El alma sin el cuerpo no tiene lugar en este mundo corpóreo, mientras que el cuerpo sin el alma es una forma inanimada. Además, son fuerzas opuestas. El alma busca constantemente logros espirituales alejándose de las satisfacciones materiales; el cuerpo siempre va detrás de los placeres físicos subyugando el anhelo espiritual del alma. Pero cuando estas dos fuerzas opuestas interactúan, son totalmente creativas.

El Rabí Natán ilustra la interacción del cuerpo y del alma usando la analogía de los antiguos relojes mecánicos a los que debía darse cuerda, ajustando un resorte. A medida que el resorte se desenrolla, la energía liberada hace girar los engranajes del reloj. Cada engranaje, con sus dientes trabajando contra los dientes del segundo engranaje, mueve un engranaje más, haciendo que el reloj trabaje con precisión, manteniendo un tiempo exacto. Lo mismo se aplica a todos los artefactos mecánicos construidos con engranajes que trabajan en contra de la dirección de los engranajes adyacentes. Precisamente, es debido a la contraposición de los engranajes que estos artefactos funcionan con efectividad. Lo mismo sucede con el cuerpo y el alma, es precisamente su contraposición, al estar estimulados para trabajar para un objetivo de beneficio mutuo, lo que los hace productivos (*Likutey Halajot, Iom Tov* 5:1).

Por lo tanto, Dios creó cada Sefirá/energía con su opuesta Sefirá/energía de modo que en el vacío entre estas dos energías opuestas el hombre pueda desarrollar su potencial. Debemos aprender a controlar estas energías para hacer que actúen de manera armoniosa. Nuestro manual para saber "como hacerlo" está encapsulado nada menos que en la Torá.

Las Sefirot y la Torá

"Ésta es la Torá, el hombre..." (*Números* 19:14).

Es bien sabido que la Torá contiene 613 mitzvot (*Makot* 23b). La raíz del verbo *leTZaVot* (ordenar) es "unir". Cuando realizamos una *miTZVá*, nos unimos, nosotros y el mundo que nos rodea, con Dios. Las 613 mitzvot se dividen en 248 preceptos positivos y 365 prohibiciones. Estos preceptos engloban cada aspecto de nuestra relación con Dios, con nuestros congéneres y con toda la existencia. A través de los preceptos, Dios nos provee de las herramientas necesarias con las cuales podemos conectarnos con Dios y llevar a toda la creación hacia su Objetivo Final.

La forma humana contiene 248 miembros, correspondientes a los 248 preceptos positivos de la Torá, y 365 tejidos conectivos, venas y tendones, correspondientes a las 365 prohibiciones de la Torá (*Zohar* I, 170b). Es así que la "imagen Divina" del hombre, que es un paralelo de las Diez Sefirot, fue diseñada de acuerdo con el patrón de la Torá. No sólo el alma, sino también el cuerpo mismo que aparentemente le impide elevarse por sobre las limitaciones físicas de este mundo, es una "Torá". A través de esta conexión, la persona puede utilizar todo lo que hay en el mundo para reconocer y servir a Dios. Con su alma, puede ascender más allá del mundo material y entrar en el ámbito de lo espiritual. Con su cuerpo, puede canalizar lo espiritual hacia lo material, creando la armonía que se espera de la vida humana en la tierra.

La Torá es el conector que nos permite desarrollar nuestro verdadero potencial. Escribe el Rabí Natán:

> Para realizar una cura, el médico debe tener un conocimiento completo de la anatomía humana. Debe conocer todas las partes del cuerpo, los miembros, las arterias, las venas, etc. Debe saber cómo cada órgano está interconectado con los demás y es interdependiente de los demás. Debe ser consciente de cómo cada órgano puede ser afectado por los otros. Entonces, y sólo entonces, puede el médico comprender la naturaleza de la enfermedad e intentar curarla. De la misma manera, la Torá es un cuerpo de leyes en que cada mitzvá individual representa un "órgano" de ese "cuerpo". Para poder conocer el verdadero valor de la Torá, la persona debe conocer su "anatomía", sus leyes y sus ideales, cómo cada mitzvá está interconectada con las otras, formando parte individual e integral de toda la Torá (*Likutey Halajot, Rosh Jodesh* 5:6).

El Rabí Natán continúa su discurso explicando los paralelos entre la "anatomía" de la Torá y la anatomía humana. Éste es un tema importante de la Kabalá y describe la conexión entre ciertas partes del cuerpo y ciertas mitzvot. En otra instancia escribe el

Rabí Natán que aquél que comprende el *Zohar* y los escritos del Ari sabe que todos los misterios de la Kabalá hablan de las conexiones profundas entre la Torá, las mitzvot, las Diez Sefirot y el ser humano, quien puede dominar sus energías y revelar este tremendo poder, la "imagen Divina" (ver *Likutey Halajot, Minjá* 7:22).

Con estas ideas básicas en mente, encaremos ahora un estudio en profundidad de la naturaleza y características de cada Sefirá, y veamos cómo cada una provee las herramientas prácticas para concretar nuestro potencial.

La vida no es azarosa. Dios tiene un Plan Maestro y nosotros somos quienes hacemos que éste se concrete. La forma en que lo haga - a través de la bondad o de las dificultades, de la alegría o de la depresión, de la salud o de la enfermedad - dependerá de cómo recurramos a las energías de las Sefirot, y de cómo perfeccionemos las energías dadas por Dios para alcanzar una vida de plenitud y de satisfacción. De acuerdo con el Rebe Najmán, aquél que aumenta su potencial espiritual acrecienta automáticamente y al mismo tiempo su desarrollo material (*Likutey Moharán* I, 14:9).

Las Sefirot superiores, Keter, Jojmá, Biná y Daat, también conocidas como los *Mojín* (Intelectos), se encuentran en el nivel donde comienza el tremendo poder de nuestro potencial. El estudio de estas Sefirot nos brinda la clave para sustentar nuestra creatividad, nuestra voluntad y la capacidad para actuar. Las siete Sefirot inferiores, Jesed, Guevurá, Tiferet, Netzaj, Hod, Iesod y Maljut, también conocidas como *Midot* (Atributos o Características), se encuentran en el nivel donde se materializa nuestro potencial. Estudiar estas Sefirot revela técnicas para canalizar el autocontrol, la empatía y la moralidad en el logro de nuestros objetivos. Completaremos cada estudio con importantes enseñanzas del Rebe Najmán sobre cómo aplicar mejor estas energías a la vida diaria.

2

KETER
La Luz de la Voluntad

Keter es la primera y la más elevada de las Sefirot. *Keter* significa "corona", indicando que "se sienta por sobre" las otras Sefirot y representa una autoridad absoluta, la del rey y soberano. Al igual que en las jerarquías humanas donde hay muchos niveles entre el monarca y sus súbditos, Keter representa el nivel más elevado entre Dios y nosotros. Sin embargo, para que su autoridad pueda concretarse, debe ser filtrada hacia un recipiente que pueda revelarla. Así, la energía de Keter debe ser filtrada a través de varios niveles hasta que alcance el nivel inferior, el nivel de Maljut. En Maljut, pueden mostrarse su poder y fuerza.

Keter es la interfase entre Dios y Su Creación. Desde esos elevados niveles, las energías espirituales descienden hacia los ámbitos inferiores hasta que se materializan o se concretan en el mundo físico al cual estamos acostumbrados.

En la Kabalá, Dios es conocido como el *Ein Sof* (El Infinito), y a veces como *Ain* (La Nada, pues nada puede describir realmente a Dios). Por extensión, Keter, que actúa como la interfase con Dios, también es llamado *Ain*. Esta referencia no es azarosa, dado que la Sefirá de Keter representa el nivel más elevado de humildad y de autonegación. Cuando la persona actúa con humildad, invoca la energía y el atributo de Keter.

Se dice que Keter es un paralelo del concepto de la "voluntad" y/o "propósito". Keter es una palabra en clave para denominar la Voluntad de Dios, la razón primordial y la causa por la cual Él trajo el mundo a la existencia, al igual que Su propósito y objetivo final (es decir, Su Plan Maestro) hacia el cual se encamina la Creación. En Keter, Dios ha creado una fuerza que moviliza a toda la creación. Él estableció las reglas que gobiernan el mundo, sometiendo a toda la creación a Sus dictados específicos (tales como las fuerzas de la naturaleza). Pero aun así, si Él lo desea, puede forzar a la misma naturaleza a mostrar que Dios es Quien gobierna. Tenemos un ejemplo en la Apertura del Mar (ver Éxodo 14), una imposibilidad física, pero aun así algo que sucedió y de lo cual fueron testigos millones de personas.

Keter está asociado con nuestra libertad de elección para decidir los objetivos que buscamos en nuestras vidas. Al nivel de Keter no estamos compelidos ni por predisposiciones internas ni por circunstancias externas. Nuestras decisiones son completamente independientes de toda otra consideración. Esto se debe a que nuestro "poder de voluntad" emana de nuestra esencia, esa parte interna o espiritual que se asemeja a Dios. Cuando nos conectamos con este profundo nivel de voluntad interior, podemos "mover montañas" y encontrar la capacidad para hacer casi todo. Ésta es la idea detrás de nuestro casi ilimitado potencial.

Sin embargo, el concepto de la libertad de elección nos enfrenta con una paradoja. Dios tiene Su Plan Maestro, pero el hombre puede elegir actuar de acuerdo con los dictados de su propio corazón. En verdad, el conocimiento que Dios tiene del futuro no nos priva, de ninguna manera, de la posibilidad de ejercer nuestro derecho a elegir libremente. Esta paradoja está encapsulada en el concepto de Keter, un nivel ubicado más allá de todo lo que podemos comprender.

A cada momento podemos elegir un sendero que coincida con el Plan Maestro de Dios o que vaya en su contra. Eso no importa, pues Dios también tiene "Libertad de Elección". Dependiendo de *Su* elección, Dios permite que se lleve a cabo nuestra elección o establece condiciones adversas. Entonces se produce una prueba de "voluntades".[6]

Al final, la Voluntad de Dios prevalecerá. Cuanto más decididos estemos a desafiar la Voluntad de Dios, más grande será nuestra posibilidad de oscurecer la Luz de Keter. Si tomamos ese camino, enfrentaremos muchas dificultades sin el beneficio del crecimiento personal. Por el contrario, cuanto más tratemos de actuar de acuerdo con la Voluntad de Dios, más grande será nuestra contribución hacia la realización del Plan Maestro, y más obvio será el papel que la Providencia Divina juega en nuestras vidas. Entonces estaremos más conscientes del porqué de las dificultades en la vida y mejor equipados para recibir las bendiciones ocultas dentro de la adversidad (el *tzimtzum*). Dicho de manera simple, estaremos más en sintonía con la Fuente de nuestro potencial y así mejor capacitados para desarrollarlo.

Pasemos ahora a las enseñanzas del Rebe Najmán para comprender los cuatro atributos básicos representados por Keter y cómo podemos acceder a ellos en forma constante.

Voluntad

Para desarrollar nuestro potencial debemos tener el deseo y el propósito de hacerlo. Keter es esa energía de "voluntad" o "propósito".

Para introducir las ideas del Rebe Najmán sobre la voluntad y el deseo, el Rabí Natán registró una conversación que cierta vez tuvo con él:

"Tú hablas con la gente", dijo el Rebe, "probablemente les preguntas: *¿Qué?* "

Enfatizó la palabra *qué*, alzando la voz, desde lo más profundo de su corazón: "*¿Qué?*".

---

[6] El Rabí Natán explica que la libertad de elección es tan poderosa que a veces ¡podemos "forzar" a Dios a que acepte nuestra elección! Sin embargo, antes de invertir toda nuestra energía en "convencer" a Dios de que necesitamos algo, debemos estar muy seguros de lo que queremos y que las consecuencias serán buenas para nosotros (ver *Likutey Halajot, Birkot HaShajar* 5:76-78).

"Es muy apropiado hacerle esta pregunta a la gente que no piensa sobre el propósito de la vida: *¿Qué?*

"Tú tienes muchas excusas y quejas tan vanas como tontas. Tu vida se halla repleta de confusión y de frustración: *¿Qué?*

"*¿Qué* será de ti? *¿Qué* harás al final? *¿Qué* Le responderás a Aquél que te envió? *¿Qué* es lo que piensas? *¿Qué* es lo que eres en la tierra sino un extranjero? *¿Qué* es tu vida sino vanidad y vacío, 'una sombra que pasa, una nube disipada' (*liturgia de Rosh HaShaná*)?

"Tú lo sabes muy bien. *¿Qué* dices entonces?

"Coloca estas palabras en tu corazón. Llévalas a las profundidades de tu ser. No las ignores. Vuelve una y otra vez sobre ellas y así salvarás tu alma" (*Sabiduría y Enseñanzas del Rabí Najmán de Breslov* #286).

El Rebe Najmán vigilaba constantemente el hecho de no perder el tiempo, ni un solo minuto de la vida. Sin embargo, si examinamos los objetivos de la mayoría de nosotros, nos sorprenderemos de encontrar que nuestras energías están mal utilizadas. La mayor parte se pasa toda la vida trabajando para ganar dinero y adquirir comodidades materiales; luego llega la vejez, la enfermedad y finalmente la muerte. ¿Qué utilidad tienen para nosotros tales objetivos materiales?

Observa el Rebe Najmán:

Este mundo sólo existe para cumplir con el propósito de Dios. No te preocupes por la riqueza. Aun con ella, tu vida puede ser en vano. El mundo nos engaña por completo. Nos hace pensar que constantemente estamos ganando, pero al final no tenemos nada. La gente consagra años de su vida a ganar dinero, pero al final se queda con las manos vacías. Aun aquel que llega a obtener dinero es alejado de él. El hombre y la riqueza no pueden permanecer juntos. O bien la riqueza es apartada del hombre o bien es el hombre quien es apartado de la riqueza. Ambos no pueden permanecer juntos. ¿Dónde están todas las riquezas acumuladas desde el comienzo de los tiempos? La gente amasó fortunas desde el principio... ¿Dónde está ahora toda esa riqueza? ¡No ha quedado nada! (*Sabiduría y Enseñanzas del Rabí Najmán de Breslov* #51).

El Rebe es muy claro en cuanto a dónde debemos concentrar nuestras energías. Si bien todo en la Creación tiene un propósito, el Objetivo Final de toda la creación y el motivo para la existencia de todo lo que hay es el deleite del Mundo que Viene. Sin embargo, las únicas mentes que son capaces de comprender y entender este propósito son las de los Tzadikim. Cada persona, de acuerdo con la raíz que tiene en el alma del Tzadik, puede aprender más de él sobre el propósito de la Creación, al punto en que llegue a quebrar su ira mediante la compasión (*Likutey Moharán* I, 18:2).

La idea de "quebrar la ira mediante la compasión" es la piedra angular de la paciencia. En lugar de "perderla" sintiéndonos frustrados y enojados, debemos aprender a mitigar nuestra impaciencia, creando una atmósfera tranquila donde podamos concentrarnos en nuestro objetivo.

Enfrentamos tantas tentaciones. El deseo de riqueza puede desviar nuestra voluntad. A diario nos vemos enfrentados con la comida, los temas morales e innumerables otras provocaciones. Sólo cuando tomamos la energía de Keter (voluntad y deseo) podemos comenzar a concentrarnos en lo que es correcto y en lo que es incorrecto.

El Rebe Najmán explica que nuestras almas se forman en verdad a través del anhelo y del deseo que sentimos por Dios y a partir de nuestras buenas intenciones para servirLo. No importa cuál sea nuestro nivel, cada uno de nosotros tiene el deseo de alcanzar un nivel más elevado aún. Es a través de este anhelo que se forman nuestras almas santas (*Likutey Moharán* I, 31:6-7). Más aún:

> Todas las barreras que encuentra la persona tienen por objetivo el deseo, es decir, que tenga un deseo mayor por aquella cosa santa que quiere hacer. Por naturaleza, cuanto más se le impide a una persona hacer algo, más desea hacerlo. Por lo tanto, cuando quieres hacer algo que es integral a tu vida como judío, y particularmente cuando necesitas hacer eso de lo cual depende todo tu judaísmo,

es decir, viajar para estar con el verdadero Tzadik, en ese momento se te otorga el deseo desde Arriba. Este deseo te es dado a través de la barrera que te enfrenta, pues como resultado de esa barrera, tu deseo aumenta. Por lo tanto, debes saber que no existe barrera en el mundo que no puedas quebrar si realmente lo deseas, e indudablemente tendrás el mérito de completar la tarea (*Likutey Moharán* I, 66:4).

La génesis y el desarrollo del potencial es en verdad una respuesta condicionada. Para despertar el deseo en el corazón, Dios estimula en la mente pensamientos positivos para dirigir nuestra voluntad hacia la "creación". Pero la voluntad es una energía poderosa que puede despertar características negativas que frustran la realización del potencial. Nuestra tarea consiste en enfrentar la primera contra ésta última, estimulando constantemente nuestro deseo de superar las barreras y fortaleciendo nuestro anhelo. Como enseña el Talmud (*Makot* 10b), "Por el camino que la persona desea ir, por allí es llevada".

La vida consta de necesidades materiales, que son temporales, y de necesidades espirituales, que son eternas. Como tales, el Rebe se centra sobre la necesidad de hacer algo que sea integral al ser judío, experimentar la vida aquí y ahora, y aun así cosechar beneficios duraderos. Considerar el uso de la voluntad para obtener ganancias duraderas como opuesto al placer temporal garantizará la recepción de mensajes positivos enviados desde Arriba y comenzará el proceso para desarrollar nuestro potencial en la dirección correcta.

Agrega el Rebe Najmán: "Debes anular totalmente tu voluntad delante de la Voluntad de Dios y no tener otro deseo más que lo que Dios desea. Así tengas dinero e hijos, o lo contrario, Dios no lo permita, aun así debes desear lo que Dios desea. Cuando sólo estás satisfecho con lo que Dios desea, entonces has puesto a Dios como Rey sobre ti" (*Likutey Moharán* I, 117).

De manera similar, enseña el *Zohar*: "La estructura del ser humano es un paralelo de la estructura de la Creación. Es por esto que el Hombre es conocido como un microcosmos del mundo.

Cuando uno acepta el reinado de Dios [el propósito de la Creación] sobre cada uno de los órganos de su cuerpo, es como si hubiera establecido la Soberanía de Dios sobre el mundo entero" (*Tikuney Zohar* #70, p.130b). La idea es centrarse sobre el Poder Real detrás de nuestras acciones y sincronizar nuestros deseos para que seamos capaces de recibir los mensajes de Dios y definirlos correctamente. Y en verdad debemos aprender a definir correctamente ese poder porque, como enseña el Rebe Najmán, "Todo lo que observas en el mundo, todo lo que existe, es una prueba para darle al hombre libertad de elección" (*Sabiduría y Enseñanzas del Rabí Najmán de Breslov* #300).

Otra herramienta que puede ayudarnos a desarrollar nuestra voluntad es la observancia de las Tres Festividades: Pesaj, Shavuot y Sukot. Los eventos milagrosos que ocurrieron en cada una de estas festividades revelaron la primacía de la Voluntad de Dios por sobre las leyes de la naturaleza, cuando Dios manipuló la naturaleza para realizar tremendas maravillas para Su pueblo. Pesaj conmemora el éxodo de millones de judíos de Egipto, algo prácticamente imposible, considerando el tamaño y el poder del ejército egipcio, y la milagrosa Apertura del Mar, que les permitió a los judíos cruzar por sobre tierra seca al tiempo que sus enemigos murieron ahogados. Shavuot anuncia la Entrega de la Torá, cuando Dios Se reveló y le habló a toda la nación. Sukot celebra las milagrosas Nubes de Gloria que rodearon y protegieron a los judíos durante los cuarenta años que anduvieron en el desierto (*Likutey Moharán* II, 4:6).

Tal como Dios trasciende las "leyes de la naturaleza", también nosotros, a nuestra propia manera, tenemos el poder de superar barreras aparentemente "naturales" para alcanzar nuestros objetivos. Pero sólo podemos hacerlo si estamos en armonía con la Voluntad de Dios. Celebrar las Tres Festividades es una manera de desarrollar esta conexión.

Humildad

La Kabalá se refiere a Keter como algo inefable. Es una energía tan elevada que es imposible describir. Los sabios igualan la energía de Keter con la humildad y la anulación delante de Dios. Cuanto más intentemos anularnos frente a Dios, más podremos invocar la energía de Keter.

Para ilustrar este concepto, citamos a nuestros sabios (*Bava Batra* 25b): "Aquél que quiera riquezas deberá mirar hacia el norte [al orar], mientras que aquél que busque sabiduría deberá mirar hacia el sur". En el Santo Templo, el *Shuljan* (la Mesa, que simbolizaba la riqueza) estaba ubicada al norte de la entrada del Santo de los Santos, mientras que la *Menorá* (el Candelabro, que representaba la sabiduría) estaba ubicada al sur de la entrada.

Observa el Rebe Najmán que la persona que está en un lugar (es decir, "norte/riqueza") no puede estar en otro (es decir, "sur/ sabiduría") al mismo tiempo. Sin embargo, si alcanza la humildad, se anula a sí misma. De esa manera "no está en ningún lugar" porque se considera como nada. Esa persona puede tener todas las ventajas del mundo material, dado que no tiene requerimientos espaciales ni limitaciones (*Likutey Moharán* I, 162).

Agrega el Rebe que, a través de la humildad, uno puede incluso "despojarse de su materialidad y ser incluido en el Infinito". "Él sabrá que todo lo que le sucede es para su propio bien, lo que es un 'anticipo' del Mundo que Viene" (*Likutey Moharán* I, 4:1).

La autoanulación abre a la persona para que pueda recibir tanta Luz Infinita de Dios como Él disponga darle. Como tal, la humildad actúa como un "estación repetidora", que nos capacita para recibir las energías de Dios a fin de aumentar nuestro potencial y luego nos permite trasladar este incrementado potencial hacia acciones más grandes, más beneficiosas y provechosas.

¿Cómo podemos alcanzar este nivel de humildad? El Rebe Najmán nos enseña:

> Lo principal es anular cada uno de los rasgos de la personalidad. Debes tratar de hacerlo hasta que hayas borrado tu ego por completo, hasta que quede como una absoluta nada delante de Dios. Comienza por un rasgo y elimínalo por completo. Luego trabaja sobre tus otros rasgos, de a uno por vez, hasta que desaparezcan. Al lograr la anulación completa de la personalidad, la gloria de Dios

comenzará a brillar y a revelarse.

Está escrito (Ezequiel 43:2): "Y la tierra estaba iluminada por Su gloria". La gloria de Dios es como luz. Cuanto más grande sea un objeto, más grande será la sombra que arroje. Una varilla delgada proyecta una pequeña sombra, mientras que un objeto más voluminoso proyectará una sombra mayor. Un gran edificio tendrá una sombra más grande todavía. Cuanta más luz se obstruye, mayor es la sombra proyectada. Lo mismo ocurre con la gloria de Dios. Lo material obstruye lo espiritual y proyecta una sombra. Cuanto más denso sea el objeto, más profunda será su sombra. Si te encuentras atado a una emoción o deseo, ello obstruye la gloria de Dios y proyecta una sombra. Entonces la luz de Dios se te oculta. Pero si anulas estas emociones y deseos, también quitas la sombra. Y al desaparecer la sombra, entonces se revela la gloria de Dios.

Cuando un hombre es digno de anular la sombra por completo y reducirla a la nada, entonces la gloria de Dios se revela a toda la tierra. No hay sombra que obstruya y entonces la luz puede brillar con toda su gloria. Está escrito (Isaías 6:3), "*Meló kol haAretz Kevodó - La tierra entera está llena de Su gloria*". Esto también puede leerse como " *MiLó - De la nada*, toda la tierra es Su gloria". Cuando no hay nada, ninguna cosa proyecta sombra ni obstruye Su luz, y entonces Su gloria se revela en toda la tierra (*Sabiduría y Enseñanzas del Rabí Najmán de Breslov* #136).

Por un lado, el Rebe Najmán habla de alcanzar la humildad para experimentar a Dios en Su Infinita grandeza y canalizar Su energía ilimitada hacia nuestras vidas. Por otro lado, describe claramente los efectos dañinos de lo opuesto a la humildad, es decir, el orgullo y la arrogancia, que limitan e incluso desvían la energía de Keter. El orgullo hace que Dios "salga del cuadro", restringiendo nuestra capacidad de beneficiarnos de Su energía para alcanzar nuestros objetivos.

El orgullo da nacimiento a las dudas, que pueden abrumar a la persona y confundir su fe, haciendo que Dios se aleje de su presencia. Así, enseña el Talmud (*Sotá* 4b) que Dios dice de la persona orgullosa, "Tú y yo no podemos estar juntos". El Rebe Najmán agrega que el orgullo es equivalente a la idolatría, porque lleva a la pérdida de las facultades del habla, que podrían haber permitido que la persona hablase de una manera que irradiara la Luz de Dios. En verdad, es posible que la persona ni siquiera pueda abrir la boca, o que aquello que surja de sus labios no tenga ningún valor (*Likutey Moharán* I, 11:3).

El antídoto para el orgullo es simple: "Abre los ojos. Si uno compara su propia pequeñez con la elevada grandeza de Dios, nunca podrá sentirse orgulloso ni ser escéptico" (*Sabiduría y Enseñanzas del Rabí Najmán de Breslov* #261).

Si evaluamos dónde estamos en la escala de la humildad frente al orgullo, es posible que sintamos que no llegamos muy alto. Sin embargo, si comenzamos a considerarnos indignos, es posible que nunca tratemos de desarrollar nuestro enorme potencial. Para contrarrestar esta tendencia, el Rebe enseña que la revelación más grande de la gloria de Dios se produce a través de aquellos que están más alejados de Él, cuando hacen el intento de retornar y de acercarse. Nadie puede decir, "¿Cómo puedo acercarme a Dios, viendo que estoy tan lejos de Él debido a mis malas acciones?", porque eso no es verdad. La gloria de Dios se magnifica precisamente cuando esa persona comienza a acercarse nuevamente. Por esta razón, todos están obligados a ayudar a los demás a retornar a Dios (*Likutey Moharán* I, 14:2).

El Rabí Natán ilustra el valor de la humildad de una manera inusual. Los árboles y los cultivos crecen a partir de semillas que están plantadas en la tierra. Recién luego de que la semilla ha sido cubierta por la tierra y se ha descompuesto puede enraizar, germinar y producir grandes árboles y cosechas sustentadoras de vida. Lo mismo sucede con el ser humano. Cuando aprende a negarse a sí mismo y se vuelve tan humilde como la tierra sobre la cual todos pisan, puede comenzar a desarrollarse y a crecer y volverse una persona mucho más grande (*Likutey Halajot, Kiley HaKerem* 2:1).

Paciencia

Los orígenes de la Creación, de toda creación, yacen en el misterio del Tzimtzum, la restricción necesaria antes de desarrollar nuestro pensamiento (ver Parte II, capítulo 1). Este concepto está plasmado en la palabra hebrea *KeTeR*, que también connota *KaTaR*, una expresión de "esperar" (ver Job 36,12). Tal como la restricción implica "retener" o "centrarse", la mejor manera de desarrollar nuestros pensamientos y nuestro potencial es a través del atributo de la paciencia.

El Rebe Najmán explica que la Sefirá de Keter es "el poder del intelecto humano para componer y organizar la mente de modo que no se aventure a ir más allá de sus límites" (*Likutey Moharán* I, 24:9). Podemos organizar nuestros pensamientos e intenciones y no apurarnos a hacer las cosas. Pero no debemos dudar durante mucho tiempo y perder la oportunidad para crecer. La paciencia es necesaria tanto para controlar el impulso a actuar de inmediato como para poner en orden nuestras ideas antes de dar el próximo paso.

Dios demuestra una tremenda paciencia con la raza humana.[7] Él siempre le da tiempo para desarrollar su potencial para el bien, pese a la presencia de aquellos que aparecen de vez en cuando y hacen un desastre de Su mundo. Cuando ejercitamos la paciencia, invocamos a Keter, el atributo de la "espera", pese a la adversidad que enfrentamos y a la abrumadora urgencia de superar ese desafío.

El Rebe Najmán les ofrece varios consejos útiles a aquéllos que desean desarrollar la paciencia. Enseña: "Debes ser paciente en todos los aspectos de tu carácter. Nunca te enojes ni te irrites con nada. No importa lo que debas pasar, soporta todo con paciencia sin que ello te desvíe del camino. Que nada te haga perder la calma. Conlleva todo con paciencia, y simplemente haz tu parte para servir a Dios con entusiasmo y alegría" (*Likutey Moharán* I, 155).

El Rebe Najmán sufrió de tuberculosis durante los últimos

---

7 Ver *Guitin* 88b, donde dice, "¡Pronto, en términos de Dios, es 850 años!".

tres años de su vida. En sus últimos días, debía ser muy cuidadoso con todo aquello que podía afectarle los pulmones. Cierta vez, su asistente, en un descuido, dejó que el fuego que encendió en la habitación del Rebe comenzase a humear. Poco tiempo después, el Rabí Natán, el discípulo más cercano del Rebe, entró a la habitación. Viendo el humo, inmediatamente avivó la llama y evitó que siguiera ahumando. Entonces le preguntó al Rebe por qué no había llamado a alguien para arreglar el fuego. El Rebe Najmán le respondió, "Si hubiera llamado a alguien y nadie me hubiese respondido, podría haberme enojado. Mejor sufrir un poco que enojarse".

Sin embargo es necesario lograr un equilibrio entre ejercitar la paciencia y avanzar cuando se presenta la oportunidad. Aconseja el Rebe Najmán:

> Cuando puedas hacer algo hoy, no lo dejes para mañana. El mundo no se detiene ni por un instante. Todo lo que puedas hacer para servir a Dios debes hacerlo inmediatamente y con determinación, sin demoras. ¿Quién sabe qué obstáculos, internos o externos, enfrentarás si lo dejas para más adelante? El mundo del hombre sólo consiste del presente.

> Sin embargo, hay veces en que pese a todo tu esfuerzo y determinación no pareces lograr lo que anhelas. A veces debes simplemente esperar. No te desalientes por no alcanzar lo que quieres. Que esto no te haga retroceder. Debes esperar hasta que llegue el momento. Lo único importante es mirar hacia Dios en todo momento, con anhelo y deseo, incluso cuando tus plegarias y devociones no estén yendo tan bien como quisieras. Nunca pierdas la esperanza, no importa lo que suceda. Apenas Dios te dé la oportunidad de hacer algo santo, hazlo de inmediato (*Tzadik* #431).

Como una advertencia a sus enseñanzas, el Rebe agrega:

> Nunca insistas en que todo deba ser exactamente tal como tú quieres, ni siquiera si lo que deseas es genuinamente santo. Cuando uno puede hacer algo de manera inmediata debe actuar con rapidez. Algo santo nunca debe ser

retrasado ni siquiera un momento. Por el contrario, es necesario hacer todo el esfuerzo posible para realizarlo rápidamente. Pero si, pese a todo, no es posible hacerlo de inmediato, no debes ponerte ansioso ni agitarte. Debes relajarte y esperar tranquilamente la ayuda de Dios, elevar los ojos hacia arriba con la esperanza de lograrlo al final. Dios con seguridad te ayudará más adelante a alcanzar lo que deseas (*ibid.* #433).

¡NO TE DES POR VENCIDO!

Para ilustrar la importancia de la paciencia, el Rebe Najmán contó una parábola sobre un par de amigos vagabundos, uno judío y el otro alemán, viajaban juntos por el campo.

Cierta vez un judío y un alemán viajaban juntos como vagabundos. El judío le dijo al alemán que se hiciese pasar por judío (ya que su idioma era similar) y que así los judíos le tendrían compasión. Dado que se acercaba Pesaj, le enseñó cómo comportarse si era invitado a un *Seder*. Le dijo que en todo *Seder* se hacía un *Kidush* y que luego se lavaban las manos. Pero olvidó contarle sobre la hierba amarga.

El alemán fue invitado a una casa y, hambriento como estaba por no haber probado bocado en todo el día, no veía el momento de comer los deliciosos manjares que le había descrito el judío. Sin embargo, primero le dieron un poco de apio embebido en agua salada y las otras cosas servidas en el *Seder*. Luego comenzaron a recitar la Hagadá, mientras él esperaba allí, sentado, el comienzo de la cena, de modo que se puso muy contento cuando le sirvieron la matzá.

Fue entonces que le dieron un trozo de rábano picante como hierba amarga. Su gusto era realmente amargo y picante y el alemán creyó que allí terminaba la cena. Sin esperar más, salió corriendo de la casa, amargado y hambriento, diciéndose a sí mismo, "¡Malditos Judíos! Luego

de toda esa ceremonia, ¡eso es lo único que sirven!".
Entonces fue a la sinagoga y allí se durmió.

Al rato llegó el judío, contento y satisfecho por la buena
comida. "¿Cómo te fue en el *Seder*?", le preguntó.

El otro le contó lo que había sucedido.

"¡Estúpido alemán!", le dijo el judío. "Si sólo hubieses
esperado un poco más, habrías gozado de una excelente
comida, igual que yo" (*Los Cuentos del Rebe Najmán,
Parábola #23*).

Dice el Rebe Najmán: Lo mismo ocurre cuando uno quiere
acercarse al Santo, bendito sea. Luego de todo el esfuerzo por
comenzar se hace presente algo de amargura y nuestra voluntad
empieza a flaquear. Esta amargura es necesaria para purificar el
cuerpo de modo que pueda recibir más santidad. Pero la persona
puede pensar que esa amargura es lo único que se consigue al
servir al Santo, bendito sea, de manera que se aleja de allí. Pero si
hubiese esperado un poco y hubiera permitido que su cuerpo se
purificara, habría sentido entonces toda la alegría y el deleite del
mundo al acercarse al Santo, bendito sea.

Arrepentimiento

Obviamente, cuando atraemos la fuerza de Keter, estamos
dando el primer paso para avanzar en la vida. Pero, ¿qué sucede si
hemos aplicado mal nuestra voluntad u oscurecido la energía de
Keter, por ejemplo, al actuar de manera egoísta? Esa energía
estropeada, ¿se pierde? o ¿estará siempre mal encaminada?

La respuesta es un enfático "¡No!". Antes de la creación del
mundo, Dios formó el rasgo de carácter del remordimiento, o como
se da a llamar, el arrepentimiento. Es posible hacer que las cosas
se reviertan. No sólo eso, sino que hay veces en que hasta podemos
emerger de esos errores con un poder mucho más elevado de Keter.

Keter, como la primera Sefirá, connota exactamente eso:

"primero", un nuevo comienzo. Podemos apelar a la energía de la renovación y comenzar siempre de nuevo. El Ari hace recordar la enseñanza de que Dios creó el mundo para entregar Su compasión (ver Parte II, capítulo 2). Dado que Dios creó el mundo, Él puede cargarlo, soportar el despecho de los humanos y tolerar la maldad. Su compasión infinita se extiende sobre todas las cosas, incluso sobre aquellos que han pecado terriblemente. Keter, como la primera emanación, refleja esa compasión e imparte la energía del arrepentimiento, permitiéndonos rectificar nuestros errores y continuar adelante con nuestras vidas.

El Rebe Najmán enfatiza así el elevado nivel del arrepentimiento:

> Es posible que caigas a los más bajos abismos, Dios no lo permita. Pero no importa cuán bajo te hayas hundido, está prohibido perder la esperanza. El arrepentimiento se encuentra a un nivel aún más elevado que el de la Torá y por lo tanto no hay lugar alguno para la desesperanza.
>
> Si eres digno de ello, hasta los peores pecados podrán transformarse en algo bueno. Nos han enseñado que los pecados pueden transformarse en virtudes. Esta idea contiene profundos secretos, pero la enseñanza principal es que pese a todas las caídas que existen, es posible retornar a Dios, fácilmente. No hay nada que se encuentre más allá de Su poder. Lo más importante es no abandonar y seguir clamando y orando a Dios (*Sabiduría y Enseñanzas del Rabí Najmán de Breslov* #3).

La idea del arrepentimiento plantea muchas preguntas, una de las cuales, que no es de menor importancia es: ¿cómo es posible que el hecho de decir "Lo lamento" pueda cambiar algo que ya se hizo? Pero la energía de Keter nos enseña que Dios puede subyugar ante Su Voluntad cualquier cosa de la Creación, cuando Él así lo desea. Cuando Él Se revela, la naturaleza se ve forzada a admitir que en realidad Dios es Quien gobierna. De este modo, si la persona comete una transgresión en un momento o en un lugar específico y entonces se arrepiente, Dios puede alterar el hecho y hacer surgir del error un estado de rectificación. Aunque nuestras mentes humanas no pueden comprender cómo lo incorrecto puede ser transformado en algo correcto, el arrepentimiento es una herramienta poderosa que Dios ha implantado en la Creación. Su origen reside en la energía de Keter.

Lo que se aplica a un solo mal paso también se aplica a aquéllos que han "hecho un desastre" de sus vidas. Al invocar la energía de Keter, que refleja el nivel más elevado de compasión, podemos comenzar de nuevo. Podemos encontrar refugio ante el pasado y ser capaces de construir un nuevo futuro. Enseña el Rebe Najmán: "El arrepentimiento ayuda para todos los pecados concebibles, hasta los más graves" (*Sabiduría y Enseñanzas del Rabí Najmán de Breslov* #71).

> Mediante la humildad, uno merece el arrepentimiento. Pues lo esencial del arrepentimiento es cuando la persona oye que la humillan y se mantiene en silencio. Acepta lo que escucha y comprende que es adecuado que esté sufriendo esos insultos (*Likutey Moharán* I, 6:2).

La respuesta natural al ser heridos por los otros, o al sentir remordimientos por nuestras acciones, es ignorar el dolor o luchar en contra de él. En lugar de eso, el Rebe recomienda que ¡la energía de Keter haga el trabajo por ti! Cuando te sientas herido o con remordimientos, debes reaccionar *positivamente* ante esas emociones. ¿Cómo? ¡Quedándote callado! De esta manera, la energía de Keter comenzará a fluir libremente. Un error significa, "Debo comenzar de nuevo y probablemente no sea fácil". Keter significa, "¡Necesito invocar la compasión! ¡De alguna manera necesito volver a conectarme con mi Fuente y comenzar de nuevo!". En lugar de responder, o incluso peor, de replicar, comienza tu viaje de renovación.

No es fácil reconocer cuándo y dónde debemos invocar la energía de Keter. ¿Por dónde comenzamos? La respuesta es: Desde dónde estamos, incluso si nos encontramos en las antípodas de Dios.

> Incluso si la persona está inmersa en la impureza y se encuentra en un nivel extremadamente bajo, al punto en

que imagina que ya no puede más volver a acercarse a Dios, dado que está tan lejos de Él, incluso si ha caído en el ateísmo, sin embargo debe saber que aun en su lugar puede todavía encontrar la Divinidad, porque "Tú les das vida a todos" (Nehemias 9:6). Incluso desde allí aún puede unirse a Dios y retornar a Él en un arrepentimiento perfecto. Porque Dios no está lejos en absoluto; lo que sucede es que en ese lugar hay muchas y grandes "vestimentas" que Lo ocultan (*Likutey Moharán* I, 33:2).

Cuanto más lejos te sientas de la gloria de Dios, más deberás preguntar y buscar, "¿Dónde está el lugar de Su gloria?". Entonces, mediante el mismo hecho de sentir este dolor, de buscar y de anhelar la gloria de Dios, y de clamar, "¿Dónde está el lugar de Su gloria?", experimentarás un gran ascenso hacia un nivel extremadamente alto de santidad. Ésta es la esencia del arrepentimiento; es decir que constantemente debes buscar y preguntar, "¿Dónde está el lugar de Su gloria?" y a través de esto todo descenso se transformará en un gran ascenso (*Likutey Moharán* II, 12).[8]

Keter es el comienzo del proceso del pensamiento. Como se explicará más adelante (capítulo 3, "La Mente y el Corazón"), los pensamientos se filtran a través del corazón de la persona, donde se ven expuestos a sus emociones. Al vacilar entre el pensamiento y la emoción, la persona aprende a tomar control de su corazón y a centrarse en lo correcto. Por lo tanto, enseña el Rebe Najmán:

El arrepentimiento depende principalmente del corazón, como está implícito en la frase (Isaías 6:10), "Su corazón comprenderá y él se arrepentirá". Más específicamente, depende de los pensamientos del corazón, de huir de los pensamientos malos y de concentrarte en los pensamientos buenos, todo el tiempo. Graba en tu corazón cuál será tu final y piensa en métodos y tácticas con los cuales retornar a Dios... Al arrepentirte y rectificar el daño espiritual que puedas haber hecho, podrás recuperar eltrabajo espiritual que perdiste y que podías haber hecho

---

[8] Esta importante lección está desarrollada en profundidad en *"¿Aié?"*, publicada en el libro *"Cuatro Lecciones del Rabí Najmán de Breslov"*.

previamente. Por lo tanto, ve corriendo y trabaja celosamente en tu servicio a Dios para compensar aquello que podrías haber logrado en el pasado (*Likutey Moharán* I, 49:5-6, final).

El arrepentimiento también puede alcanzarse a través de la mente. El Rebe Najmán explica que la palabra hebrea para arrepentimiento, *Teshuvá*, significa literalmente "retornar". El arrepentimiento significa "retornar una cosa al lugar del cual ha sido tomada, restaurarla y retornarla a su raíz. Ahora bien, la sabiduría es la raíz de todas las cosas. Es por esto que debes guardar tu mente y tu sabiduría de toda ideología extraña y de todo pensamiento ajeno, y ni hablar de las malas tentaciones. El motivo por el cual la gente comete pecados y transgresiones, y la causa de todas sus faltas, es el hecho de que sus pensamientos son impuros. No cuidan sus pensamientos y van más allá de los límites de la santidad. Cuando la persona protege sus pensamientos y su sabiduría, puede remediarlo todo y retornar a Dios" (*Likutey Moharán* I, 35:1).

Por implicancia, el Rebe Najmán está diciendo que todo intento de nuestra parte por retornar a Dios invocará la energía de Keter. ¡Y la energía de Keter permite que la persona comience de nuevo, todo el tiempo! No debe haber lugar para la desesperanza en ninguno de nuestros emprendimientos. El Rebe nos alienta:

Ésta es una regla importante en la devoción: nunca te dejes vencer.

Hay muchas maneras de caer. Hay veces en que la plegaria y la devoción pueden parecerte carentes de sentido. Toma fuerzas y empieza de nuevo. Actúa como si recién hubieras comenzado a servir a Dios. No importa cuántas veces te caigas: levántate y comienza nuevamente. Haz esto una y otra vez, pues de otra manera nunca te acercarás a Dios.

Acércate a Dios con toda tu fuerza. Mantente fuerte, no importa cuán bajo hayas caído. Así asciendas o desciendas, anhela siempre acercarte a Dios. Es posible que seas arrastrado muy bajo, pero clama a Dios y haz todo lo que puedas para servirlo con alegría. Pues sin esta fuerza interior, nunca serás capaz de acercarte verdaderamente a Dios (*Sabiduría y Enseñanzas del Rabí Najmán de Breslov* #48).

El Rebe Najmán les ordenó a sus discípulos que no perdieran nunca la esperanza de *poder* mejorar y reparar el pasado. Él dijo: "Cuando ustedes me contemplan, indudablemente me consideran un Tzadik perfecto. Aun así, aunque yo cometiese el pecado más grave, eso no me haría caer. Luego del pecado aún seguiría siendo recto, tal como lo era antes. ¡Me arrepentiría!" (*Tzadik* #453).

Registra el Rabí Natán:

Hubo una ocasión extraordinaria en que el Rebe habló en términos tremendos sobre la grandeza del Creador. Habló de una manera que es imposible transmitir por escrito. Entonces, inmediatamente después, comenzó a darnos ánimo, diciendo que incluso si la persona experimenta una tremenda caída, cada uno a su propia manera, aun así debe fortalecerse y nunca perder la esperanza, porque la grandeza de Dios es incluso mucho más exaltada que la Torá, y hay un lugar en donde todo puede ser corregido. Pues el arrepentimiento está más allá de la Torá. "Pero, ¿cómo podemos alcanzar esto?", pregunté. "*Es posible* llegar a esto", respondió, "mientras no pierdas la esperanza ni dejes de clamar, de orar y de rogar. La única manera es clamar, orar y rogar... sin cansarse nunca. Finalmente podrás elevarte desde el lugar en el que has caído. La esencia del arrepentimiento es clamar ante Dios" (*Tzadik* #565).

Mediante una voluntad dirigida, con humildad, con paciencia y con comprensión del poder del arrepentimiento, podremos canalizar la luz y la energía de Keter hacia nuestras vidas.

3

LOS MOJIN

En diferentes momentos todos experimentamos una "voluntad primordial", la idea de Keter, que dispone el escenario para una nueva creación en nuestras vidas. Sin embargo, en sí mismo, ese deseo inicial de crear no posee un valor intrínseco. Así como el niño primero debe ser concebido y luego atravesar las etapas de embrión y de feto antes de estar completamente formado y listo para nacer en este mundo, cada idea e invención debe atravesar sus propias "etapas embrionarias" hasta llegar a desarrollarse y ser revelada.

Las herramientas que Dios utilizó para trazar, dar forma y refinar la idea de la Creación son las siguientes tres Sefirot: Jojmá, Biná y Daat, conocidas como los *Mojín* (Intelectos). Estas tres Sefirot también comprenden los canales a través de los cuales nuestro propio "primer pensamiento" es moldeado y refinado para llegar a ser un plan realizable. En la presentación esquemática de las Sefirot, Jojmá, Biná y Daat están ubicadas en la cima, justo debajo de Keter, filtrando la luz de Dios hacia las siete Sefirot inferiores. De manera similar, el cerebro humano, o intelecto, se encuentra en la parte superior del cuerpo, desde donde dirige las actividades de cada uno de los órganos extremidades inferiores.

Normalmente pensamos que el intelecto humano es una sola entidad, pero en verdad consiste de varias funciones complementarias. La Kabalá aísla y define tres aspectos diferentes del intelecto, correspondientes a Jojmá, Biná y Daat. Utilizando estas tres funciones, también nosotros podemos analizar y transformar nuestra voluntad en un plan factible y concreto.

4

JOJMÁ, BINÁ, DAAT
La Luz de la Percepción

Jojmá, Biná y Daat, se traducen como Sabiduría, Comprensión y Conocimiento respectivamente. Estas tres Sefirot son denominadas los *Mojín* (Intelectos) porque son la primera revelación de la energía que desciende desde Keter. En la búsqueda por desarrollar nuestro potencial, primero debemos dirigir y aplicar nuestro intelecto a la tarea.

Jojmá, Biná y Daat corresponden respectivamente al hemisferio derecho del cerebro, al hemisferio izquierdo y al bulbo raquídeo. Jojmá es sabiduría indiferenciada, los hechos sin explicación (paralelo al hemisferio derecho, "no verbal"). Biná es la comprensión y el análisis de esos hechos (paralelo al hemisferio izquierdo, "verbal"). Daat es la confluencia de Jojmá y Biná, la capacidad de aplicar esa sabiduría a la tarea en mano (paralelo al bulbo raquídeo, que transfiere los impulsos del cerebro al resto del cuerpo).

Jojmá es llamada "comienzo", como en (Salmos 111:10), "*Reshit Jojmá* - el comienzo es sabiduría". Jojmá corresponde a las verdades fundamentales de la realidad que subyacen bajo todos nuestros procesos de pensamiento. Estas verdades son, al mismo tiempo, innatas en nuestras mentes y se integran a través de nuestras experiencias en la vida. Por ejemplo, el axioma, "La distancia más corta entre dos puntos es la línea recta" implica a su vez que existe el espacio, que existe un punto, que existe una línea recta, que existe la distancia, y demás. Jojmá corresponde a las verdades últimas que describen la esencia de las cosas.

Biná es el sistema lógico que conecta estos conceptos y les permite interactuar y emerger como un sistema coherente de leyes. El Talmud (*Sanedrín* 93b) define a Biná como "la capacidad de comprender una cosa a partir de la otra o de distinguir una cosa de otra". *BiNá* está relacionada con la palabra hebrea *BeiN* (entre medio), implicando la capacidad de comprender relaciones subyacentes. También está relacionada con la palabra *BoNé* (construir), pues nuestro intelecto nos permite construir nuevos conceptos y sistemas.

Al nivel de Jojmá, todo lo que existe es un potencial o una esencia indiferenciada. A través de Biná, la mente comienza a diferenciar, a analizar y a diseccionar el todo en sus partes componentes. Podemos hacer una analogía con el agua (Jojmá) fluyendo a través de un sistema de tuberías (Biná). El agua en sí misma es un fluido "indiferenciado" que no posee una estructura macroscópica esencial. La estructura le es impuesta cuando fluye a través del sistema de tuberías.

En otro sentido, Jojmá alude al pasado, mientras que Biná se refiere al futuro. Esto puede verse en las palabras hebreas que denotan los conceptos de "masculino" y "femenino". La palabra hebrea para masculino es *ZaJaR* y tiene las mismas consonantes que *ZoJeR* (recordar). La palabra para femenino es *NeKeVá* y tiene las mismas consonantes que *NiKeV* (agujerear o penetrar). El hombre "recuerda" el pasado, mientras que la mujer "penetra" en el futuro. Tanto Jojmá como el pasado pueden ser explicados en términos de la información que ya tenemos. Pero el futuro existe sólo en nuestras proyecciones imaginativas, que son producto de Biná. Debemos emplear nuestra Biná para "verlo".

Si bien podemos recordar el pasado y anticipar el futuro, el presente es lo único que podemos conocer. El momento presente, que se encuentra en la confluencia del pasado (Jojmá) y del futuro

(Biná), corresponde a Daat. Daat es el foco de nuestra percepción.

En contraste con Jojmá y Biná, que son procesos completamente internos (ambos son llamados "las cosas ocultas"), Daat es una manifestación externa, la capacidad de comunicar efectivamente nuestros pensamientos. Daat representa el poder de interactuar y de desarrollar una relación inteligente con el mundo externo (ver *Likutey Moharán* I, 25:1).

Esto explica por qué Daat se manifiesta como la vestimenta externa de Keter. En Keter tenemos esa voluntad primaria o instinto para actuar. Pero, ¿sobre qué se supone que debemos actuar? Recurrimos a nuestra sabiduría residente, Jojmá, para percibir el potencial en esa voluntad. Entonces lo analizamos con nuestra Biná y comenzamos a comprender la energía que contiene. Daat nos permite aplicar esa voluntad a una conclusión sensible y productiva.

Al nivel de Jojmá encontramos las verdades más básicas de la existencia reunidas en una clase de unidad prístina. Biná es el sistema de la lógica mediante el cual las verdades de Jojmá son delineadas y definidas. Daat entonces podría llamarse "lógica aplicada", la manifestación de la mente interna.

La Mente y el Corazón

Es interesante notar que en la Kabalá, Jojmá y Biná se comparan también con la mente y con el corazón, respectivamente. En esta descripción, Jojmá se refiere a la sabiduría intelectual y Biná a la comprensión intuitiva.

Aunque hay mucho para decir sobre la comprensión intuitiva, Biná se ve significativamente mejorada por la influencia de Jojmá. El corazón en general se ve asediado por emociones contrapuestas y por indecisiones paralizantes. Este conflicto se produce debido a que los ventrículos derecho e izquierdo del corazón son considerados el "asiento" de la buena y de la mala inclinación respectivamente. Como explica el rey Salomón (ver Eclesiastés 10:2), el lado derecho del corazón representa la conciencia que lleva a realizar buenas acciones, mientras que el lado izquierdo connota los deseos más bajos que tratan de descarriar a la persona.

Por ejemplo, la persona decide comenzar una dieta para perder peso. Ésta es una decisión de la mente, y puede ser una alternativa correcta. Pero si comienza a pensar y a racionalizar su decisión, por ejemplo, diciéndose a sí misma que están muy cerca las vacaciones, cuando se verá presionada a resistir las comidas y golosinas, normalmente cambiará de decisión. Esto es algo muy común y refleja una incapacidad para transformar lo potencial en algo concreto.

Al interiorizar a Jojmá dentro de Biná, es decir, al tomar las decisiones utilizando una conjunción de intelecto y de emoción, podemos contrarrestar todo ataque directo o indirecto de la mala inclinación y canalizar nuestro potencial hacia una energía creativa, opuesta a las energías no creativas o destructivas. Cuando la mente (Jojmá) y el corazón (Biná) trabajan en armonía, nuestra voluntad primaria (Keter) puede manifestarse en un resultado productivo, que se evidencia en nuestro Daat, la aplicación práctica de ese conocimiento.

Construyendo una Estructura Sólida

"La casa se construye con sabiduría y se establece con comprensión; con conocimiento sus habitaciones se llenan de preciosos tesoros" (Proverbios 24:3-4).

Para aplicar las ideas de Jojmá, Biná y Daat a nuestro objetivo, la "casa" o el producto final de nuestro potencial, primero debemos desarrollar Jojmá (sabiduría). Luego, debemos utilizar Biná (comprensión) para imaginarnos cómo mantener segura esa "casa" y ocuparnos de su manutención. Pero aun así, es sólo cuando alcanzamos Daat (conocimiento) que "llenamos sus habitaciones" con un mobiliario apropiado y de buen gusto. Estos muebles son el conocimiento práctico que aplicamos diariamente para vivir una vida plena y satisfactoria.

El Rebe Najmán enseña que el primer paso en la "construcción" de una vida, de un matrimonio, del sustento, etcétera, es utilizar nuestro intelecto. Para hacerlo, necesitamos concentrarnos. Todo comienza en la mente.

> La esencia misma de la persona está en su mente. Allí donde estén los pensamientos de la persona, allí es donde ella estará, completamente. Esto explica por qué es tan importante evitar todos los pensamientos malos. De otra manera, allí es donde estará tu lugar. Fuérzate a pensar buenos pensamientos para que seas digno de conocer y comprender a Dios. Entonces tu lugar estará con Él; estarás unido a Él. Cuanto más grande sea tu percepción de Dios, más te fundirás con Él y entonces alcanzarás la vida eterna (*Likutey Moharán* I, 2:13).

La verdadera esencia de la persona, aquello a lo que la persona se refiere como "yo", es el alma (*Likutey Moharán* I, 22:5). Así, al mismo tiempo en que estamos desarrollando nuestro potencial, también nos estamos desarrollando a nosotros mismos. Este proceso le está oculto al observador casual, pero aquél que sinceramente busca mejorar y crecer merecerá abrir las puertas del verdadero autoconocimiento.

> Todo lo que se hace en este mundo tiene algún propósito, no hay nada que carezca de significado. Todo tiene alguna raíz. Es posible que la persona no comprenda lo que está sucediendo en el mundo, pero si logra hacer lo que Dios quiere eso es muy bueno, y en verdad es afortunada. Debemos pedirle a Dios que nos ayude a saber qué es lo que Él quiere y entonces hacerlo, eso y sólo eso. Pero cuando la persona es digna de recibir iluminación y llega a comprender lo que está haciendo, esto es incluso mejor. Los Cielos mismos se abren sobre ella. La sabiduría se le abre y Dios le muestra lo que está logrando (*Tzadik* #92).

Cuando Dios nos abre los canales de la sabiduría y de la comprensión, estamos mejor equipados para enfrentar los desafíos de la vida. No sólo alcanzaremos sabiduría y comprensión en este mundo y para este mundo, sino que también comenzaremos a experimentar el Futuro, lo que llamamos el Mundo que Viene, en el presente. El deleite del Mundo que Viene surge de conocer, alabar y agradecer a Dios, un deleite que supera todos los otros placeres de este mundo (*Likutey Moharán* II, 2:1). Sin embargo, el Talmud enseña (*Berajot* 5a) que el Mundo que Viene (es decir, la conciencia expandida) sólo puede ser alcanzado mediante el sufrimiento. En nuestro contexto, esto se refiere a las dificultades que encontramos cuando intentamos llevar adelante nuestros planes y concretar nuestros pensamientos. Si deseamos lograrlo, no debemos acobardarnos ante estos desafíos.

El Rebe Najmán enseña que el dolor y el sufrimiento surgen de una falta de comprensión. Los reveses no son ocurrencias azarosas, sino desafíos específicos que Dios coloca en nuestro sendero para nuestro propio bien, para fortalecer el deseo por los objetivos que buscamos o para alentarnos a superar las dificultades y así recibir una recompensa mayor por nuestros esfuerzos. Así lo explica:

> Si la gente siente que hay problemas y dificultades en la vida, o que carece de ciertas cosas, así sea suficiente dinero, hijos, salud física o lo que fuere, el motivo de su sentimiento es que les falta verdadera comprensión. Cuando la comprensión es perfecta, no falta nada. La esencia de la vida eterna del Futuro está unida al grado de comprensión que existirá entonces. Todos tendrán conocimiento del Creador, y a través de esto serán capaces de fundirse en Su unidad y vivir eternamente, tal como lo hace Dios. Al conocerLo nos unimos con Él; ésta es la alegría más grande del Mundo que Viene. Por este motivo debes ser muy cuidadoso y guardar tus pensamientos con pureza y santidad y evitar todo pensamiento malo. Sólo piensa en la Torá y en la devoción y busca constantemente alcanzar niveles cada vez más elevados de percepción de Dios. Todo depende de esto (*Likutey Moharán* I, 21:12).

El profeta Isaías describe la revelación que cubrirá al mundo en el futuro (Isaías 11:6,9): "El lobo habitará con la oveja y el leopardo yacerá con el cabrito... pues el mundo estará lleno del conocimiento de Dios". Entonces recitaremos la bendición, "Quien es bueno y hace el bien", por todo (ver *Pesajim* 50a), porque todos sabrán que en realidad no hay mal en el mundo, en absoluto, y que todo lo que nos sucede ahora es para bien (*Likutey Moharán* I, 21:12). Habiendo enfrentado la adversidad y crecido gracias a ella, ¿no ha sido acaso el sufrimiento para bien?

> Cuando la persona sabe que todo lo que le sucede es para su propio bien, esto es un anticipo del Mundo que Viene. La manera de llegar a esta comprensión es abriendo nuestro corazón delante de un estudioso de la Torá. Mediante esto llegas a comprender que todo lo que te sucede, cada día de tu vida, es para tu propio bien. Todo surge del amor que Dios siente por ti. Estar tranquilo y paciente frente a todo lo que suceda en la vida es el nivel más elevado de Daat, del conocimiento y la comprensión de Dios. Debes tener fe en que todo es para tu bien último (*Likutey Moharán* I, 4:2-4).

Esta perspectiva también ilumina nuestro papel único en la tierra y nuestro valor personal intrínseco. La creación del hombre no fue un accidente cósmico ni de la evolución. Más bien, Dios diseñó al hombre desde el comienzo mismo para que fuera el ápice de la Creación, y le dio inteligencia para que reconozca a su Creador. Cada pensamiento y cada acción que llevamos a cabo de acuerdo con nuestras percepciones de Dios y de la vida tienen un increíble valor a los ojos de Dios.

Como dice el Rebe Najmán: "Cuando un hombre hace *así* con la mano, un movimiento como *éste* tiene lugar en todos los mundos. Y cuando hace *de esta otra manera* con la mano, un movimiento como *ése* tiene lugar en todos los mundos". Más aún: "Si dieran vuelta a un hombre de adentro hacia fuera verían que miles y miles de mundos dependen de cada tendón de su cuerpo" (*Tzadik* #504-505).

Todo depende del hombre. Y el hombre puede progresar mejorando sus percepciones de Dios. Explica el Rebe Najmán: "La esencia del conocimiento (Daat) es conocer a Dios con el corazón y no sólo con la mente. Debes llevar las percepciones de Dios desde la mente (Jojmá) hacia el siguiente nivel inferior, hacia el corazón (Biná), y unir ese conocimiento de Dios con el corazón hasta que te veas dominado por el temor reverencial a la grandeza de Dios y despiertes a Su verdadero servicio. De esta manera, merecerás finalmente el nivel más elevado de temor, que es el temor de la grandeza de Dios. Entonces sabrás qué significa el temor" (*Likutey Moharán* I, 15:3).

El Poder de la Memoria

¿Cómo llegamos a ser conscientes de nuestra sabiduría? ¿Cómo llegamos a "saber que sabemos"? El truco es recordar lo que hemos aprendido y mantenerlo vivo y activo en nuestras mentes. Los fisiólogos llaman a esto la memoria.

> Debes ser muy cuidadoso y cultivar una buena memoria para no caer en el olvido. ¿Qué es una buena memoria? Significa tener bien presente el pensamiento del Mundo que Viene [es decir, el objetivo] en forma constante y no olvidarlo nunca. Sería muy bueno tener la costumbre de recordar, apenas abres los ojos a la mañana y antes de hacer cualquier cosa, que el Mundo que Viene es el único y verdadero objetivo. Hazlo apenas te despiertes. Éste es el concepto de la memoria en general.
>
> Continúa con esto durante todo el día. Utiliza cada pensamiento, palabra y acción que Dios te envíe para aumentar tu comprensión y percepción de Dios. Comprende que cada uno de ellos es una alusión que Dios te está enviando para acercarte a Él. Dios Mismo es Infinito y no tiene límite. Pero Él Se "contrae", si así pudiera decirse, hasta nuestro nivel, utilizando todas las experiencias que nos envía cada día, para guiarnos. Depende de nosotros reconocerlo y descifrar los mensajes en todos los pensamientos, palabras y acciones que nos son enviados, para que podamos alcanzar una percepción mucho más profunda y acercarnos a Dios (*Likutey Moharán* I, 54:2).

Tener presente el Mundo que Viene nos hace recordar constantemente la imagen general, el objetivo digno de ser buscado. Al centrarnos en el objetivo nos volvemos más conscientes de todas las herramientas que Dios ha puesto a nuestro alcance para ayudarnos en nuestra búsqueda. Por ejemplo, el entorno natural pasará de ser un contacto casual a ser una experiencia significativa, porque Dios creó todo y habita en todo. De esta manera, podemos maravillarnos ante un asombroso atardecer, o contemplar la tremenda grandeza de Aquél que creó ese atardecer, uniendo nuestras mentes con Dios. Esta conciencia también puede llevarnos más allá de nuestros límites y desarrollar el potencial Divino que yace dentro de nosotros.

Sin embargo, debemos ser cuidadosos y no sobrepasarnos. El Rebe Najmán nos advierte que en cada emprendimiento debemos proceder en orden y de manera mesurada. Aquel que trata de sobrepasar su nivel intelectual, así sea a través de la especulación o profundizando demasiado en la sabiduría esotérica sin estar preparado para ello, corre el riesgo de pasar más allá de los límites de la santidad y caer en serias equivocaciones y otros errores. Como afirma el Talmud (*Jaguigá* 13a), "No debes investigar aquello que te es demasiado maravilloso" (*Likutey Moharán* I, 54:2).

Si no tenemos cuidado, también pueden extraviarnos las placenteras atracciones de este mundo. Cierta vez dijo el Rebe:

La Inclinación al Mal [es decir, la inclinación a minimizar o ignorar aquello que es verdaderamente importante] es como un pícaro corriendo entre la multitud, mostrando su puño cerrado. Nadie sabe qué es lo que allí tiene. Acercándose a cada uno le pregunta: "¿Qué crees que tengo en mi mano?". Cada uno imagina que en su puño cerrado guarda exactamente aquello que más desea. Todos se apresuran y corren detrás del pícaro. Entonces, cuando los ha engañado y arrastrado detrás de él, abre la mano la cual está completamente vacía.

De la misma manera, el Instinto al Mal engaña al mundo, haciendo que todos corran detrás de él. Todos piensan que en su mano se encuentra aquello que desean. Pero al final, abre la mano mostrando que no hay nada en ella. Ningún deseo es satisfecho, nunca.

Los placeres mundanos son como los rayos del sol en un cuarto oscuro. De hecho, parecen sólidos, pero si uno trata de aferrarlos, no encuentra nada en sus manos. Lo mismo es verdad con respecto a todos los deseos mundanos (*Sabiduría y Enseñanzas del Rabí Najmán de Breslov* #6).

Hagamos un buen uso de nuestro tiempo y no "matemos el tiempo". "Matar el tiempo" se traduce en "matarnos" a nosotros mismos, ¡pues hemos perdido un lapso de nuestra propia vida! Para un proyecto tan importante como es el de desarrollarnos a nosotros mismos, el Rebe Najmán nos urge a considerar el valor de nuestros días:

> Si somos perceptivos, reconoceremos que el tiempo en este mundo no es realmente nada. La sensación de tiempo surge de una comprensión deficiente. Cuanto más grande sea nuestra percepción, más veremos que, en realidad, el tiempo no existe. En verdad podemos sentir cómo el tiempo vuela como una sombra pasajera y una nube que pronto desaparecerá. Si grabamos esto en nuestro corazón, nos veremos libres de las preocupaciones sobre temas mundanos y tendremos la fuerza y la determinación de aprovechar lo que podamos, una buena acción aquí, una lección allí, y así ganar algo verdaderamente duradero en esta vida. Obtendremos entonces la vida del Mundo Eterno, que está completamente más allá del tiempo (*Likutey Moharán* I, 61).

Cuando aplicamos nuestra Jojmá (sabiduría) y utilizamos nuestra Biná (comprensión), alcanzamos Daat, el conocimiento pleno de lo que queremos. De aquí podemos comenzar a concretar nuestro deseo. Enseña el Rebe, "Daat, el verdadero conocimiento, hace descender la bondad Divina" (*El Libro de los Atributos, Jueces-Mitigar los Juicios*, p. 22). Cuando traemos Daat, invocamos el poder de Keter, la compasión, para mitigar los desafíos que surgen del Tzimtzum, facilitándonos el desarrollo y el crecimiento.

Para alcanzar verdaderos niveles de percepción, también debemos tomar del Daat de los Tzadikim. Los Tzadikim son personas que han logrado desarrollar su potencial y son capaces de impartirles su conocimiento a los demás. "La verdadera sabiduría", explica el Rebe Najmán, "es la sabiduría de los Tzadikim. La sabiduría los lleva a una elevada percepción de Dios y les da el poder de comunicar su percepción a aquellos que los siguen. Comparada con su sabiduría, todos los otros sistemas ideológicos son pura locura" (*Likutey Moharán* I, 30:1).

El hecho es que la Santa Torá y los verdaderos Tzadikim irradian una gran luz en todos los mundos, y su luz es miles y miles de veces más grande que todo lo que hay en este mundo y sus vanidades. Sin embargo, la gente está hundida en esas vanidades y este mundo se les presenta más directamente ante sus ojos. Por lo tanto, se imaginan que no hay nada mejor que este mundo, aunque en verdad es muy pequeño y carece en absoluto de sustancia y de consecuencia alguna. Aun así, la "pequeña" tierra (es decir, el materialismo) se yergue frente a sus ojos y les impide ver la luz grande y santa de la Torá y de los Tzadikim.

Es como si pusieras una pequeña moneda frente a los ojos y, como resultado, no pudieras ver una gran montaña, pese al hecho de que la montaña es miles de veces más grande que esa pequeña moneda. De manera similar, este pequeño mundo y el deseo de riquezas y de más dinero se yerguen frente a los ojos de la persona y le impiden ver la gran luz de la Torá y de los Tzadikim (*Ibid.*, 133).

No es suficiente alcanzar la percepción sólo para uno mismo. Cada persona debe desarrollar su Daat y transmitírselo luego a los demás, de modo que también ellos puedan experimentar la satisfacción de desarrollar su potencial. El crecimiento del mundo depende de esto. El Rebe Najmán agrega una idea más profunda aún: "La persona debe trasmitirles su Daat a otros, de modo que incluso luego de fallecer pueda 'seguir viviendo' a través del Daat y de las percepciones que dejó detrás en este mundo. Esto puede lograrse a través de los hijos y de la enseñanza a los demás" (*Likutey Moharán* II, 7:4).

Todas nuestras buenas intenciones contribuyen a revelar el bien en el mundo, un bien que perdura y que ayuda a que a su vez las futuras generaciones desarrollen y revelen más bien, por siempre y por toda la eternidad.

5

LAS MIDOT

Cada uno de nosotros está dotado de una mente que refleja nuestra voluntad (Keter) al igual que nuestro intelecto general (Jojmá, Biná y Daat). También tenemos un "corazón" (la alternativa de Biná/Comprensión, ver Parte III, capítulo 3, *"La Mente y el Corazón"*), una maravilla emocional que reacciona frente a las situaciones que enfrentamos y de acuerdo con nuestras propias características (así, es posible decir que hay quien tiene un "corazón de oro", un "corazón de piedra", etcétera). Todo nuestro potencial yace dentro de nuestras mentes y de nuestros corazones. Pero si se mantiene allí, en potencia, sin ser desarrollado, carece de valor. ¿De qué sirve lo potencial si no se concreta? Debemos buscar en nuestras mentes y corazones y procesar nuestro potencial, dando los pasos necesarios para sobresalir en la vida.

También necesitamos saber *cómo utilizar* nuestro potencial. En nuestras mentes, podemos hacer de todo: escalar montañas escarpadas, bucear las profundidades del mar, volar por el aire. Pero la vida real no es así. Debemos trabajar arduamente para separar aquello que es imaginación o ilusión de lo que es factible y está dentro de lo razonable. Si algo se encuentra más allá de nuestra capacidad, debemos reconocerlo y apartarnos de ello. El Rebe Najmán advirtió repetidamente en contra de la temeridad, del extremismo y del fanatismo en todo tipo de emprendimiento, así sea espiritual, físico, emocional o financiero (ver *Sabiduría y Enseñanzas del Rabí Najmán de Breslov* #51).

Las herramientas que nos ayudarán a elegir, examinar y decidir un plan son las siete Sefirot inferiores. Estas siete Sefirot son llamadas *Midot* (Atributos o Características), y reflejan un amplio rango de emociones y capacidades que pueden ser vistas en el espectro general de la humanidad.

Sefirá	Traducción	Paralelo humano	Concepto
Jesed	Bondad	mano brazo derecho	bondad, dar
Guevurá	Fuerza	mano brazo izquierdo	juicio,restricción
Tiferet	Belleza	torso	verdad, armonía
Netzaj	Duración	pierna derecha	victoria,resistencia
Hod	Esplendor	pierna izquierda	empatía,sumisión
Iesod	Fundamento	órgano sexual	pacto, canal
Maljut	Reinado	boca, pareja	autoridad,recibir

Recordemos que cada Sefirá actúa como un filtro de la Sefirá que se encuentra por encima, trabajando para hacer descender la Luz de Dios hacia intensidades cada vez menores. La energía de nuestro propio proceso creativo, encapsulada y no refinada en las Sefirot superiores de Jojmá, Biná y Daat, debe ser filtrada hacia abajo, a través de las Sefirot inferiores de Jesed, Guevurá, Tiferet, Netzaj, Hod, Iesod y Maljut, para permitir que nuestros pensamientos puedan fructificar.

Digamos, por ejemplo, que tienes un gran anhelo de inventar un cierto tipo de programa de computación. Has pensado en su diseño y luego has planificado su desarrollo. A través de la prueba y del error te has ido acercando al producto final, y con cada paso la "imagen primera, completa" fue disminuyendo a medida que se fue definiendo con mayor claridad. De la misma manera, cada Sefirá sucesiva disminuye el influjo de la intensidad de las Sefirot superiores hasta llegar a un resultado satisfactorio.

Como hemos visto más arriba (ver Parte II, capítulo 3, *"Paralelos en el Hombre"*), la energía que hace comenzar el proceso reside en el principio de las fuerzas opuestas. Las Sefirot, en su estado ideal, "rectificado", están ordenadas en tres columnas: derecha, izquierda y centro (ver también Apéndice).

Columna Izquierda	Columna del Centro	Columna Derecha
Guevurá		Jesed
	Tiferet	
Hod		Netzaj
	Iesod	
	Maljut	

La columna derecha siempre representa misericordia, el acto de dar y la bondad; está caracterizada por un amor y una aceptación incondicional, con el deseo de trascender los límites a través de la unión con otro. La columna de la izquierda siempre representa severidad, disciplina y restricción; enfatiza las obligaciones y las responsabilidades, e indica límites establecidos y una definición personal. Si bien da la impresión de que cada columna por separado no tiene nada que ver con la otra, en verdad son opuestos complementarios. Esta relación se concreta en la columna central. La armonía se alcanza cuando aprendemos a equilibrar los aspectos opuestos de nuestras personalidades. La columna del centro sintetiza las fuerzas aparentemente opuestas de la "derecha" y de la "izquierda", trayendo armonía, unidad y paz.

Vemos cómo opera el mismo principio al considerar a las

Sefirot en su paralelo con la fisiología humana. Notemos que Jesed representa el brazo derecho, Guevurá el brazo izquierdo, y Tiferet el torso. Así como el torso actúa como el punto de apoyo de los lados opuestos del cuerpo, Tiferet equilibra las tendencias extremas de los lados "derecho" e "izquierdo" de nuestra personalidad. De manera similar, Netzaj representa la pierna derecha, Hod la pierna izquierda, y Iesod el órgano sexual entre ellas. Netzaj corresponde al ímpetu de ir hacia adelante; Hod, al mantenerse enraizado, y Iesod al fundamentar toda acción sobre la base de la moralidad y la rectitud.

Podemos atraer cosas hacia nosotros utilizando tanto nuestras manos como nuestros pies, simbolizando así la aceptación y el dar, o también podemos empujarlas lejos de nosotros, simbolizando el rechazo y la disociación. El torso y la región pélvica, que contienen la médula espinal y la columna vertebral, implican el valor para mantenerse firme y ser fuertes en nuestras convicciones. Así, nuestro "lenguaje corporal" revela mucho sobre las ideas que hemos estado desarrollando dentro de lo recóndito de nuestras mentes, y nos dan la fuerza para comenzar a hacer fructificar esas ideas.

La Kabalá también enseña que cuando utilizamos de manera beneficiosa los poderes con que fuimos investidos, cuando los empleamos para nuestro propio bien y el de nuestros amigos, vecinos, comunidades y medio ambiente, nuestra conducta influye directamente en la Providencia Divina. Tenemos la capacidad de acercarnos a Dios y hacer descender Sus bendiciones sobre la tierra.

6

❦

JESED
La Luz del Amor y de la Alegría

La palabra Jesed se traduce como "Bondad", pero significa mucho más que eso. Jesed representa un abrumador deseo de dar, y de continuar dando, sin importar lo que la otra persona haya hecho, ni tampoco si se lo merece o no. Jesed se manifiesta como un irrestricto amor entre los seres humanos, así como también las bondades que Dios hace descender sobre el hombre.

Jesed también engloba la alegría. Aquél que hace uso de sus capacidades intelectuales y que ha comenzado a caminar en una buena dirección se sentirá optimista y feliz de sus perspectivas. Una actitud alegre lleva al éxito en todo emprendimiento. De manera empírica podemos ver que la persona que realiza actos de Jesed con los demás tiene naturalmente un sentimiento de alegría y de plenitud debido a sus actos de bondad. Dicho simplemente, hacer felices a los demás es un elemento muy importante para la propia felicidad personal.

Jesed también representa la esperanza, la esperanza de un final exitoso para nuestros esfuerzos, la esperanza de logros adicionales, y las esperanzas de un futuro mejor. Por lo tanto, esta Sefirá implica el hecho de que siempre hay esperanza.

El hecho de que Jesed es la primera de las Sefirot inferiores que recibe la energía de las Sefirot superiores indica que el primer paso concreto para materializar nuestro potencial debe ser establecido sobre la base del amor y debe estar dirigido a lograr resultados benéficos. Debemos centrar nuestros pensamientos en hacer lo correcto, y ocuparnos de que el resultado influya en nosotros y en los demás de una manera beneficiosa. Incluido en esta idea está el hecho de dar caridad, un acto que representa altruismo y conexión con los demás. Como enseña el Rebe Najmán, "Toda la caridad y la bondad que haces en este mundo crea defensores Celestiales y produce una gran armonía entre tú y tu Padre en el Cielo" (*Aleph-Bet Book, Tzedakah,* A1).

Obviamente, para adquirir el atributo de Jesed, debemos *hacer* actos de Jesed. Debemos realizarlos lo mejor que podamos, así sea con el cuerpo (ayudando físicamente a los demás), con las emociones (escuchando y ocupándonos de los demás) o con nuestros bienes (prestando equipos de trabajo, compartiendo nuestro tiempo y por supuesto, dando caridad). Aconsejar a los demás también es un aspecto de Jesed, especialmente cuando hacemos el esfuerzo por comprender los problemas de la otra persona y aconsejarla de acuerdo con ello. Si no somos capaces de dar un consejo apropiado, debemos evitar hacerlo; también es Jesed *no* confundir al otro.

El Rebe Najmán ofrece estas guías para adquirir y desarrollar el atributo de Jesed:

> Aprende y observa los Trece Atributos de Misericordia (cf. Éxodo 34:6-7) para poder cumplirlos en la práctica. Cultiva la cualidad del amor y realiza la mayor cantidad de buenas acciones que puedas. Cuando te esfuerces en cumplir con cada uno de los Trece Atributos del Amor, estimularás a los Trece Atributos Superiores del Amor y de este modo quedarán humillados y eliminados los ángeles destructores alimentados por tus pecados. Nuestros actos de bondad despiertan el perdón de Dios, y Él pasa por alto nuestros pecados, uno tras otro (*Sabiduría y Enseñanzas del Rabí Najmán de Breslov* #89).

"Pecados" significa nuestros errores, equivocaciones, malas

acciones y transgresiones. Es fácil caer en la depresión cuando miramos hacia atrás y consideramos las cosas malas que hicimos y cuánta tristeza personal y sufrimiento produjo, por no decir nada de cómo ello dañó a nuestros seres queridos. La depresión también engendra egoísmo, lo opuesto de la humildad. Cuando nos castigamos: "Me odio por hacer eso... odio esto, odio aquello...", despertamos sentimientos negativos que tienden a deprimirnos más aún y a suprimir nuestro potencial para el bien. El Rebe Najmán dice que centrarse en "lo malo" nos conecta con "lo malo". Para poder desarrollarnos apropiadamente, debemos centrarnos en el bien. Al esforzarnos por hacer el bien, al buscar *activamente* el amor y la bondad, desarrollamos una afinidad por esas características. Entonces el amor, el bien, la bondad y la alegría se vuelven parte integrante de nuestras vidas.

> ¡Debes saber! En este mundo debes atravesar un puente muy angosto. Lo más importante es no tener miedo. Hazte fuerte y alégrate encontrando algún mérito y algún punto bueno en ti mismo, dado que, ¿cómo es posible que nunca hayas hecho algo bueno en tu vida?, y también por el hecho de que Dios no te hizo pagano. Baila y salta para alcanzar la alegría, hasta que mediante esta alegría puedas merecer retornar a Dios (*Likutey Moharán* II, 48).

Buscar y enfatizar el bien en nosotros mismos es una de las enseñanzas claves del Rebe Najmán. Al dedicarnos al bien y al pensar de manera positiva, podremos centrarnos. Cuando perdemos la esperanza debido a nuestras malas acciones y comenzamos a pensar en ellas como si fuesen nuestra esencia, perdemos la capacidad de concentrarnos... ¡incluso en aquello que hemos hecho mal! Al dedicarnos a lo positivo podemos ascender por sobre "lo malo", trayendo a nuestras vidas la luz del amor, de la bondad y de la alegría.

En una de sus lecciones más importantes sobre este tema, el Rebe Najmán nos exhorta a buscar los puntos buenos en nosotros mismos y en los demás. "Al buscar y encontrar algo del bien que aún existe dentro de ti, te trasladas genuinamente de la escala de la culpa hacia la escala del mérito y entonces puedes retornar a

Dios", dijo. "Mediante esto, podrás inspirarte y alegrarte, y ser capaz de orar, de cantar y de dar gracias a Dios. Este sendero es un fundamento indispensable si realmente quieres acercarte a Dios y no desperdiciar tu vida. Lo más importante es alejarte de la tristeza y de la depresión y nunca perder la esperanza" (*Likutey Moharán* I, 282).

La depresión, explica el Rebe, es en realidad otra palabra para designar la falta de esperanza. Cuando la persona está deprimida, su intelecto y su mente salen al exilio. Esto hace que le sea muy difícil concentrarse en algún objetivo, y más aún acercarse y sentir a Dios. Por el contrario, cuando alguien está alegre, su mente se asienta y es capaz de comprender las cosas con claridad. La alegría es libertad: libera al intelecto de su exilio. Uno puede controlar su mente y su intelecto de la manera que desee a fin de concentrarse en su objetivo y retornar a Dios (*Likutey Moharán* II, 10).

El Rabí Natán observa que los escritos del Rebe están llenos de todo tipo de consejos para mantenerse alegre, no importa la situación. Incluso cuando la persona se encuentra bajo una gran presión, material o espiritual, aun así puede descubrir maneras de llegar a la alegría, sabiendo que Dios nunca la abandonará. Y si puede convocar un poco de alegría estando bajo presión, seguramente será capaz de estar realmente alegre cuando Dios le envíe un respiro para sus dificultades y las cosas mejoren un poco (*Tzadik* #593).

"Trata de transformar la tristeza, la depresión y las dificultades mismas en un motivo para estar alegre", sugiere el Rebe Najmán. "Debemos decir, 'Aunque soy como soy, todavía sigo teniendo el mérito de ser judío. Cuántas mitzvot cumplo cada día, tzitzit, tefilín, decir el *Shemá*, dar caridad, etc. Quizás la manera en que las hago deja mucho que desear. Aun así, contienen muchos puntos buenos y les causan alegría a los mundos superiores. Esto se aplica incluso a las mitzvot hechas por judíos pecadores, pues mientras sigan llevando el nombre de judíos, Dios se enorgullece de ellos, como está escrito, 'Israel, de quien Yo Me enorgullezco' (Isaías 49:3)" (*Tzadik* #593).

Si realmente nos ponemos a pensar en ello, encontraremos que en medio de los peores problemas y sufrimientos, aún sigue habiendo una apertura a través de la cual podemos convertir toda nuestra depresión en alegría. La definición de la verdadera alegría es cuando expulsamos nuestra oscuridad y depresión en contra de su voluntad, forzándolas a transformarse en alegría (*Likutey Moharán* II, 23).

La persona alegre puede expresar amor; la persona positiva puede enfrentar incluso una tarea monumental sin sentirse abrumada. La persona alegre tiene una disposición benevolente, difundiendo la buena disposición y la bondad. La alegría ayuda a que la persona mantenga un marco mental positivo, comprometida con el objetivo, y potenciada hacia el éxito.

La alegría también salva del pecado. "La depresión y la ansiedad son las causas principales de la inmoralidad sexual. El fundamento del pacto reside en la alegría" (*Likutey Moharán* I, 169).[9] Estar satisfecho en todas las áreas de la vida, especialmente en el ámbito de la vida moral, es una tarea y un logro importante. "Por supuesto que no todo es como yo quiero que sea. Yo quiero más, una vida mejor, un sentimiento más grande de plenitud. Pero por ahora, estoy feliz y satisfecho". Debemos estar contentos de tener lo que necesitamos de este mundo. El Rebe Najmán agrega que el efecto de esta satisfacción genera una gran unificación en los mundos superiores, trayendo abundantes bendiciones al mundo (*Likutey Moharán* I, 54:3).

La alegría no es algo que debamos esperar que suceda. Es absolutamente necesario buscarla, e incluso forzarnos a estar alegres.

Es una gran mitzvá estar siempre alegres. Asegúrate de estar constantemente lejos de la depresión y busca estar siempre alegre. La alegría es el remedio para todo tipo de enfermedades, porque muchas enfermedades son producidas por la depresión. Ingéniatelas para llegar a la alegría. A

---

[9] Esta idea será tratada en más detalle más adelante, en el Capítulo 9, donde trataremos la energía de Iesod.

veces deberás hacer cosas un poco locas para alegrarte (*Likutey Moharán* I, 24).

Cierta vez el Rebe Najmán hizo notar que parece imposible alcanzar la alegría sin una cierta medida de tontera (*Sabiduría y Enseñanzas del Rabí Najmán de Breslov* #20). Debido a los muchos problemas físicos, emocionales y financieros que cada uno de nosotros debe soportar, es posible que la única manera de alegrarnos sea comportándonos tontamente (*Likutey Moharán* II, 10). Conozco a alguien que al ver niños jugando a la rayuela en la vereda iba saltando por los cuadrados de una punta a la otra al pasar caminando por allí. Todos reían. Los niños estaban encantados de ver a un adulto jugando como ellos, y el hombre disfrutaba de hacerlos sonreír, así como también de poder reírse de sí mismo, generando así algo de alegría en su vida.

La música es otro medio efectivo para aumentar la alegría. El Rebe Najmán enseña que escuchar y tocar instrumentos musicales lleva a la profecía (que sólo puede ser lograda en un marco mental de alegría), tal cual encontramos en las Escrituras (ver Reyes II 3:15).

El Rebe explica que hay dos tipos de *rúaj* (espíritu o viento): un *rúaj* sombrío (es decir, malo) (Samuel I, 16:14) y un *rúaj* bueno (Salmos 143:10). Éste último es el espíritu de profecía. La mayor parte de la gente tiene ambos espíritus, el sombrío y el alegre, pero están mezclados. Para extraer el buen *rúaj*, el músico sopla en su instrumento y mueve las manos a lo largo, trabajando sobre el *rúaj* (viento/aire) y separando el *rúaj* bueno del malo. El músico entonces recoge y junta los componentes del *rúaj* bueno para construir la melodía, que a su vez desarrolla un *rúaj* de alegría en el músico y en el oyente (ver *Likutey Moharán* I, 54:7). Por supuesto, no todos saben hacer música, ni tienen inclinación a la música. Aun así, la experiencia de escuchar una hermosa pieza musical casi siempre tiene el poder de calmar los nervios de la persona y de aligerar su estado de ánimo.

Otra manera de disfrutar de la alegría es dirigir constantemente los pensamientos hacia la Fuente de todo el bien. Al contemplar esta Fuente, todo lo que es bueno y alegre se fundirá en uno e irradiará con una luz abundante (*Likutey Moharán* II, 34).

> Esto también te dará la valentía para tomar los pasos necesarios y mantenerte firme en tus convicciones, pese a la oposición de la gente ante tus esfuerzos. Porque la fuente principal de audacia y de determinación para acercarse al servicio a Dios es la alegría y la felicidad, como en el versículo, "¡La alegría en Dios es nuestra fortaleza, nuestra audacia!" (Nehemias 8:10; *Likutey Moharán* I, 22:4).

La alegría es un factor importante en todo emprendimiento, especialmente en el desarrollo de nuestro potencial. Esto se debe a que Jesed viene inmediatamente después de Biná, que es un paralelo del corazón. Es por esto que la mayor parte de la gente no va detrás de objetivos que llevan a la tristeza; más bien, llenan sus corazones de emoción y entusiasmo por un resultado positivo. El Rebe Najmán sintetiza esto de la siguiente manera:

> La fuente principal de alegría proviene de las mitzvot, y la alegría se siente principalmente en el corazón. En el grado en que la persona comprende en su corazón la grandeza del Creador, Su Unicidad y Su Eternamente Bendecida Unidad, en ese mismo grado es apropiado que se regocije en cada una de las mitzvot que realiza, por la cual merece cumplir la Voluntad de Dios (*Likutey Moharán* I, 30:5).

Al poner alegría en todos nuestros esfuerzos, podemos llevarnos hacia un contacto directo con nuestro Creador, de una manera muy poderosa. Este "contacto" es lo que nos permite tomar de las energías del Creador, de unos poderes mucho mayores que los nuestros. La alegría nos permite llegar más allá de nuestros límites personales, desarrollar un potencial mayor y alcanzar objetivos mucho más grandes. El Ari mismo dijo que alcanzó sus tremendos niveles de comprensión de la Kabalá específicamente debido a su alegría al cumplir con las mitzvot (ver *Mishná Brurá* 669:11; *Pri Etz Jaim, Shaar Ha Lulav*, capítulo 8). La alegría permite el desarrollo de nuestras tendencias naturales hacía el amor, la bondad y el bien y saca a la luz lo mejor de nosotros.

Enfrentando la Tristeza y el Dolor

Obviamente, es difícil sentirse alegre todo el tiempo. Las vicisitudes de la vida no nos permiten semejante placer. Por lo tanto, como una "extensión" de la alegría, se nos permite sentirnos "con el corazón quebrantado". Explica el Rebe Najmán:

> El corazón quebrantado no está relacionado de manera alguna con la tristeza y la depresión. La depresión proviene del Otro Lado y es algo que Dios aborrece. Pero un corazón quebrantado debido a lo distanciado que uno se siente de Dios es algo muy querido y valioso para Él. Para la persona media, un corazón quebrantado puede degenerar fácilmente en la depresión. Por lo tanto debes disponer de un tiempo cada día para la congoja. Debes aislarte y hablar delante de Dios, con un corazón quebrantado, durante un lapso determinado. Pero el resto del día debes estar alegre (*Likutey Moharán* II, 24).

> El Rebe enfatizó esto muchas veces, diciéndonos que sólo debíamos sentirnos con el corazón quebrantado durante un lapso limitado cada día. Dijo que siempre debíamos estar alegres y nunca deprimidos. La depresión es como la ira y la furia. Es como quejarse ante Dios por no cumplir nuestros deseos. Pero aquél que tiene un corazón quebrantado es como un niño rogando frente a su padre. Como un niño llorando y quejándose porque su padre está lejos (*Sabiduría y Enseñanzas del Rabí Najmán de Breslov* #41-42).

Es natural experimentar tristeza y dolor. Pero lo que hagas con tu corazón determina hacia dónde te llevará. El Rebe Najmán sugiere que tomes tu dolor y lo transformes en una plegaria ante Dios, creando un canal para que esa energía negativa sea liberada en una forma positiva.[10]

La plegaria y el estudio de la Torá pueden ayudar a acceder directamente a la energía positiva de Jesed. "La verdadera plegaria debe estar plena de la cualidad del amor", aconseja el Rebe Najmán.

---

[10] Esta idea será desarrollada con más detalle en el Capítulo 10 donde trataremos la energía de Maljut

"La plegaria es una súplica por la gracia y la bondad de Dios. La capacidad de amar depende de nuestra comprensión. Cuando la fuerza del amor se ve minada, la ira y la crueldad toman su lugar, disminuyendo la comprensión" (*Likutey Moharán* II, 8).

Con respecto al estudio de la Torá, enseña el Rebe: "La ira y la falta de bondad se presentan cuando la comprensión de la gente es limitada. Cuanto más profunda sea su comprensión, más desaparecerá su ira y se difundirá la bondad, el amor y la paz. Es por esto que el estudio de la Torá, que profundiza la comprensión, trae amor y paz al mundo y elimina la ira" (*Likutey Moharán* I, 56:1-3). Más aún: "Si estás alegre, ello te llevará hacia nuevos horizontes de Torá. La alegría es un recipiente con el cual podemos tomar de las fuentes de vitalidad y frescura de la Torá" (*Ibid.*, 65).

De acuerdo con el Rebe Najmán, el estudio de la Torá y la plegaria concretan el amor entre el pueblo judío y su Padre en el Cielo que estaba *en potencia* antes de la Creación, cuando el pueblo judío aún existía sólo en la Mente de Dios, si así pudiera decirse. Este amor está más allá del tiempo y se identifica con el significado profundo e interno de la Torá. Trasciende toda mala acción, todo prejuicio e ira, produciendo un mundo de amor, de paz y de alegría (*Likutey Moharán* I, 33). Por lo tanto, recomienda el Rebe Najmán:

> Debes orar con gran alegría, aunque esta alegría sea forzada. La felicidad es siempre una virtud, especialmente durante la plegaria. Si estás preocupado y triste, debes al menos mantener un semblante de alegría. Es posible que en el fondo estés deprimido, pero si actúas de manera alegre, finalmente serás digno de la verdadera alegría. Esto se aplica a todas las cosas santas. Si no tienes entusiasmo, fíngelo. Actúa con entusiasmo y este sentimiento llegará finalmente a ser genuino (*Sabiduría y Enseñanzas del Rabí Najmán de Breslov* #74).

¡NO TE PREOCUPES, SE FELIZ!

El Rebe Najmán describió las recompensas de un pensamiento positivo con una parábola memorable:

Había una vez un hombre pobre que se ganaba la vida cavando y vendiendo arcilla. Un día, mientras cavaba, descubrió en la arcilla una piedra preciosa aparentemente muy valiosa. Dado que no tenía idea de lo que pudiese valer, se la llevó a un experto para que la valuase. El experto le contestó, «Nadie por aquí será capaz de pagar por una piedra así. Ve a Londres, a la capital y allí podrás venderla».

El hombre era tan pobre que no podía ni siquiera costearse el viaje. Entonces vendió todo lo que poseía y fue de casa en casa juntando fondos para la travesía. Finalmente consiguió lo suficiente como para poder llegar hasta el puerto. Allí quiso embarcarse pero no le quedaba nada de dinero. Entonces fue a ver al capitán de un barco y le mostró la piedra preciosa que llevaba. De inmediato, el capitán lo recibió con gran honor a bordo de la nave, suponiendo que era una persona muy confiable. Le dio una cabina especial de primera clase y lo trató como si fuese un personaje adinerado.

La cabina tenía vista al mar y allí se sentaba el pobre contemplando su diamante y alegrándose con ello. En especial le agradaba hacerlo durante las comidas, dado que comer de buen ánimo es muy beneficioso para la digestión. Un día se sentó a comer, con el diamante frente a él sobre la mesa, en un lugar donde podía contemplarlo. Y allí sentado se quedó dormido. En ese momento llegó el grumete y limpió la mesa, sacudiendo el mantel por la escotilla y arrojando al mar, sin darse cuenta, las migas y el diamante. Cuando el pobre hombre se despertó y se dio cuenta de lo que había sucedido casi enloqueció de desesperación. Además de haber perdido el diamante, el capitán era un hombre tan despiadado que no dudaría en matarlo por el valor del pasaje. Sin otra opción, decidió mantener un semblante alegre y relajado como si nada hubiese sucedido.

El capitán solía venir todos los días a conversar con él. Ese día el hombre se recompuso delante del capitán, fingiendo alegría de modo que el otro no se dio cuenta de que había pasado algo malo. El capitán le dijo entonces, "Quiero comprar una gran cantidad de trigo que puedo llegar a vender en Londres y obtener mucha ganancia. Pero temo ser acusado de haber robado de las arcas del rey. De manera que, si te parece, podemos arreglar para que el trigo sea comprado a tu nombre. Yo te recompensaré muy bien por este servicio".

El hombre pobre estuvo de acuerdo. Pero sucedió que tan pronto como llegaron a Londres el capitán falleció y todo el cargamento de trigo quedó a nombre del hombre pobre. Y ello valía mucho más que el diamante.

El Rabí Najmán concluyó, "El diamante no le pertenecía al hombre pobre y prueba de ello es que no lo pudo conservar. Pero el trigo sí le pertenecía y prueba de ello es que se quedó con él. Obtuvo lo que merecía sólo gracias a que mantuvo la alegría" (*Los Cuentos del Rebe Najmán, Parábola* #19).

Esta parábola hace hincapié en el poder de mantener una actitud positiva en todo momento. Además, al integrar la alegría dentro de nuestras vidas, podemos lograr grandes cosas, cosas que normalmente estarían fuera de nuestro alcance, tal como el hombre pobre que se transformó en un hombre rico gracias a su estado mental positivo.

Dando Caridad

Dado que Jesed es una expresión de bondad, es adecuado concluir nuestro análisis sobre esta Sefirá con algunas ideas referidas a la caridad. La caridad tiene varios significados. Usualmente implica un regalo financiero, pero también puede significar una palabra bondadosa o un acto caritativo. Ejemplos de esto último consisten en buscar los propios puntos buenos, al igual que juzgar a los demás de manera favorable. Cuando el Rebe

Najmán habla de "dar caridad", se refiere al rango de oportunidades de Jesed que nos permiten compartir nuestro tiempo y nuestras emociones al igual que nuestras posesiones.

> Debes dar caridad antes de orar. Ésta es la manera de evitar los pensamientos extraños que llegan a ti mientras estás orando. Entonces podrás orar apropiadamente sin desviarte ni a la derecha ni a la izquierda. Pondrás en orden tus palabras y las medirás en la escala de la justicia (*Likutey Moharán* I, 2).

Al dar caridad y ejercitar la energía de Jesed, podemos controlar nuestras palabras y usarlas de manera juiciosa y meritoria, trayendo bendiciones y abundancia.

¿Cómo podemos hacer para que nuestra caridad realmente sirva? ¿Depende de cuánto damos o de cuán seguido? La verdad es que dar caridad es una cosa, pero dar donde realmente ayuda es algo diferente. Salvar las selvas o proteger a las ballenas, a los tigres, a los armiños y a las mofetas son cosas que benefician el medio ambiente, pero no hay regalo más grande que la caridad a otras personas. En una fascinante vuelta de tuerca sobre el acto de dar, el Rebe Najmán revela que los beneficios de sustentar a un cierto tipo de receptores puede dar dividendos que beneficien a toda la humanidad, aumentando el amor y la alegría en el mundo:

> Cuando les das caridad a los verdaderos Tzadikim y a sus seguidores, quienes genuinamente lo merecen, es como si les dieras caridad a muchísimas almas judías (*Likutey Moharán* I, 17:6).

Cada Tzadik incluye a las muchas almas a las que lidera y dirige. La caridad que recibe permite que continúe dirigiendo y beneficiando a los demás. Por ende, darle caridad al Tzadik es equivalente a dársela a muchas personas.

Ante la posibilidad de producir consecuencias tan poderosas, es comprensible que el dar caridad no siempre sea fácil. Tal vez seamos reacios a separarnos de nuestro dinero tan difícilmente ganado", o nos veamos tentados a evaluar la real necesidad del receptor y llegar a la conclusión de que dar menos es tan aceptable como dar más. El principal objetivo al dar caridad, enseña el Rebe Najmán, es "quebrar nuestro instinto de crueldad y transformarlo en amor, para poder dar así de manera generosa. La caridad tiene el poder de ampliar la entrada a todas las áreas hacia las cuales necesitamos avanzar. Cuando queremos embarcarnos en cierto sendero, una nueva tarea, una nueva relación, un nuevo hogar, en verdad, todo nuevo comienzo, primero tenemos que realizar una apertura para pasar hacia nuestro nuevo camino. Es por esto que todos los comienzos son difíciles. Dar caridad abre la puerta e incluso la expande, de manera que podamos embarcarnos en nuestro nuevo camino, para desarrollar más aún nuestro potencial" (*Likutey Moharán* II, 4:2).

Agrega el Rebe que la avaricia y el deseo de retener el dinero refleja "el rostro del Otro Lado".

> Aquéllos que caen presa del deseo de dinero y que no creen que el Santo, bendito sea, puede sustentar a la persona con sólo un mínimo de esfuerzo de su parte, que corren detrás de su sustento con un enorme esfuerzo, que "comen su pan con tristeza", y que están repletos de angustia y depresión... estas personas están unidas al rostro del Otro Lado, el rostro oscuro, la depresión, la tristeza y la muerte.
>
> Por el contrario, la gente que conduce sus negocios con fe y que siempre está alegre con su porción; quienes realmente saben y creen con una fe perfecta que el sustento y la riqueza sólo provienen de Dios, pero que Dios simplemente quiere que ellos hagan algún pequeño esfuerzo en aras de su sustento, aunque la esencia del sustento y del dinero sólo proviene de Dios... esas personas se unen a la luz del rostro de la santidad, al rostro radiante que es vida y alegría (*Likutey Moharán* I, 23:1).

7

GUEVURÁ
La Luz de los Límites

H emos visto que Jesed representa el dar. Pero, ¿qué sucede si la beneficencia es demasiado grande y no puede ser manejada apropiadamente por el beneficiario? ¿Qué sucede si el amor irrestricto se vuelve dominante? ¿Puede Jesed seguir llamándose bondad? ¿Hay alguna manera de evitar que Jesed se transforme en algo abrumador? La respuesta se encuentra en la Sefirá siguiente, Guevurá.

Guevurá significa "fuerza", "poder", "heroísmo" o "coraje". Implica una gran fuerza y una gran energía, junto con poder de voluntad y severidad. Es la "mano izquierda" frente a la "mano derecha" de Jesed; es la disciplina y la restricción de la benevolencia y de la beneficencia de Jesed. Guevurá actúa para restringir los abrumadores atributos asociados con Jesed, permitiéndonos definir, contener y utilizar apropiadamente las bendiciones que se encuentran en esta última Sefirá.

En la Kabalá, Guevurá sirve como el atributo del Juicio, porque un juicio impone restricciones a los movimientos de la persona. Aquél que debe pagar una multa por mal comportamiento o que es enviado a prisión por un crimen, ya no es libre de actuar como desee. A un nivel más profundo, Guevurá representa "severidades", un duro sufrimiento cuando el juicio no es atemperado con la compasión. (Por ejemplo, las restricciones originales impuestas sobre una persona son consideradas demasiado indulgentes y, cuando se reconsidera el caso, se emite una sentencia más severa).

Guevurá, en un sentido negativo, también puede estar asociada con la ira. El Rebe Najmán enseña que cuando la persona está enojada se encuentran en un estado de intelecto "restringido" (ver *Likutey Moharán* I, 21:12). La persona enojada actúa generalmente como si estuviera "cegada por la ira" y difícilmente escuche a la razón; de modo que la ira restringe su intelecto. Todas estas ideas de constricción se encuentran en el concepto de Guevurá, que también es, conceptualmente, el Tzimtzum de la Creación.

Guevurá enfatiza nuestras responsabilidades incluso, y especialmente, mientras estamos dedicados a realizar actos de Jesed. Nos fortifica con la disciplina necesaria para restringir los abrumadores deseos de la mente y del corazón, estableciendo parámetros que rodean y protegen los esfuerzos por concretar nuestro potencial. Nos da el poder de controlar las inclinaciones y los deseos naturales, un rasgo necesario en todas las áreas de la vida.

Incluido dentro de los límites de Guevurá se encuentra el evitar conscientemente la ira, los celos y toda forma de crueldad. Por ejemplo, el padre puede desear disciplinar a su hijo. ¿Acaso la disciplina es resultado del deseo del padre por hacerle un bien a su hijo, o es producto de su propia impaciencia? Alternativamente, en el área del heroísmo, ¿están nuestros esfuerzos dedicados solamente a Dios y a la Divinidad, o su intención está dirigida hacia el engrandecimiento personal y el egoísmo? Guevurá, la restricción, demanda que evaluemos continuamente nuestros pensamientos, palabras y acciones y los purguemos de todo motivo ulterior.

Guevurá también implica actuar con simpleza. Una persona disciplinada enfrenta cada tarea de una manera simple y directa. La persona que actúa de manera sofisticada, intentando ir más allá de sus capacidades o de la tarea que tiene en manos, muy pronto se encontrará atravesando aguas profundas. Por ejemplo, las búsquedas filosóficas del intelecto alejan a la persona de Dios y de la Divinidad y también del logro de sus objetivos legítimos.

Al invocar a Guevurá de la manera apropiada, podemos realzar nuestras vidas y volvernos verdaderos receptores de las bendiciones y de la abundancia que provienen de Jesed y de los *Mojín*. Más aún, cuando invocamos apropiadamente el poder de Guevurá en nuestras propias vidas, podemos "convencer" a Dios, si así pudiera decirse, de que restrinja Sus juicios, lo que nos permite a su vez beneficiarnos de Su Jesed.

Vayamos al Rebe Najmán para recibir consejo sobre cómo adquirir y desarrollar este atributo invalorable.

> Recuerda siempre que eres una parte del Dios de arriba. La esencia de la Divinidad se encuentra en el corazón. La Divinidad en tu corazón es infinita. No hay límite a la luz de la llama que arde allí. El deseo santo que está allí es infinito. Pero esta misma ardiente pasión hace imposible que logres algo en tu servicio a Dios, y tampoco te permite revelar ningún rasgo bueno, a menos que restrinjas esa pasión dentro de ciertos límites. Debes "contraerla", si así pudiera decirse, para ser capaz de servir a Dios de manera mesurada y en orden. Dios desea tu servicio; hay acciones y devociones específicas que Él te pide. Él desea que desarrolles tus rasgos de carácter y de comportamiento de manera ordenada y sistemática. Así es como podrá revelarse Su reinado (*Likutey Moharán* I, 49:1).

La pasión de la cual habla el Rebe Najmán es el deseo santo llevado a su extremo negativo. La mayor parte de nosotros estamos más familiarizados con el tipo opuesto de pasión, la de nuestra mala inclinación. Éste es un ardiente deseo de ir en contra de la Voluntad de Dios, de ser perezosos, indiferentes, malvados, duros de corazón, y todos los otros adjetivos que presentan un desafío a Dios y a Su mundo. Si dejamos que la mala pasión arda sin restricción, nuestras vidas estarán totalmente subyugadas a los rasgos negativos y a las atracciones inmorales de este mundo.

Pero aquél que anula su mala inclinación debe asegurarse de no ir "demasiado lejos", hacia el otro extremo. El fanatismo no tiene lugar en las enseñanzas del Rebe Najmán; ello representa la fuerza de un "amor irrestricto" más allá de nuestro control. Esto hace que se oculte el Reinado de Dios y que no se revele.

El Rebe Najmán no es el único maestro que propugna el autocontrol, pero su sendero ofrece el camino más simple para dominar este atributo. Él lo expresa de esta manera: "La libertad de elección es realmente muy simple. Si lo quieres, lo haces. Si no lo quieres, no lo haces" (*Likutey Moharán* II, 110). El Rabí Natán agrega que registró esta afirmación debido a su importantísimo significado. Mucha gente piensa que no tiene control sobre sí misma. Están hundidos en sus hábitos desde muy temprano y sienten que no pueden ejercer ninguna restricción o control. Pero esto no es verdad. En todo momento, en todo lugar, cada persona tiene libertad de elección. "Si lo quieres, lo haces. ¡Si no, no!".

Esto nos lleva a otra idea importante: Sólo podemos invocar nuestra Guevurá si creemos que tenemos esa fuerza dentro de nosotros. La fe en nosotros mismos es el prerrequisito para tomar de la energía de esta Sefirá. Es necesaria una enorme fortaleza para mantener nuestras creencias y actuar en base a ellas cuando es necesario. Esta manifestación de fe es la manifestación de Guevurá, que resulta tanto en el control de una situación que creemos que es para nuestro bien, como en el autocontrol, al utilizar nuestras energías para movernos en la dirección que es *realmente* la correcta para nosotros. Nada de esto puede lograrse si no es a través del camino de la simpleza, tal como enseña el Rebe Najmán, "La inteligencia más grande es evitar todo tipo de sofisticación" (*Likutey Moharán* II, 44).

Agrega el Rabí Natán, "Muchas veces el Rebe dijo que no es necesaria sofisticación alguna en el servicio a Dios. Lo único que se requiere es simpleza, sinceridad y fe" (*Sabiduría y Enseñanzas del Rabí Najmán de Breslov* #101).

Control Mental

De todas las áreas bajo nuestro control, parecería que la mente siempre tiene "ideas propias". El Rebe Najmán hace notar que la mente es el campo de entrenamiento para la Guevurá y el autocontrol:

> Debes ser muy cuidadoso y guardar tu mente y tus pensamientos, asegurándote de no aceptar nunca ideas ni ideologías ajenas. Todos los problemas y los pecados provienen del abuso de la santidad de la mente, admitiendo pensamientos e ideologías extrañas. Para alcanzar el verdadero arrepentimiento y expiar todos los pecados, es necesario limpiar la mente de todas estas ideas extrañas. En verdad, la sabiduría y la inteligencia se encuentran en el alma. Al limpiar la mente de toda ideología ajena, la facultad del pensamiento se eleva a su Fuente. Ésta es la esencia del retorno a Dios (*Likutey Moharán* I, 35:1).

Es especialmente difícil controlar nuestros pensamientos durante la plegaria. Parece tan simple pasar unos pocos minutos con el *sidur*, o derramar nuestro corazón ante el Amo del Mundo... pero está lejos de ser fácil combatir el diluvio de pensamientos, fantasías, recuerdos, listas de tareas y demás distracciones que nos bombardean precisamente en ese momento de quietud. Y lo que es peor, el acto mismo de tratar de liberarnos de estos pensamientos hace que se afiancen mucho más profundamente.

Aunque parezca sorprendente la verdad es que: "La mejor manera de tratar con [pensamientos no deseados] es simplemente ignorarlos", enseña el Rebe Najmán. "Actúa como si no te importasen en absoluto. Niégate a escucharlos. Continúa con lo que estás haciendo, estudiando, orando, trabajando, etc. No les prestes ninguna atención a los pensamientos o a las fantasías. No sigas mirando hacia atrás para ver si se han ido. Simplemente continúa haciendo lo que estás tratando de hacer. Al final, ellos se irán por sí mismos. Pero debes comprender que este método es sólo una medida temporal. A la larga, la tarea es santificar y purificar el cuerpo. Con ese fin, debes ir al Tzadik para aprender los senderos de la verdad. Entonces esta clase de pensamientos desaparecerán por completo" (*Likutey Moharán* II, 50).

¿Es realmente posible controlar nuestros pensamientos? El Rebe Najmán nos asegura que sí. El Rebe compara al pensamiento con un caballo caprichoso que se ha salido del sendero y que está tratando de correr en la dirección equivocada. El jinete sólo necesita tirar de la rienda para forzar al caballo a que vuelva al camino. De la misma manera, los pensamientos de la persona están completamente bajo su control (*Likutey Moharán* II, 50).

El control del pensamiento no sucede de la noche a la mañana. Pero cuando ejercitamos el autocontrol lo más seguido posible, aprendemos el hecho de que *sí podemos* hacerlo. También podemos utilizar a nuestro favor el hecho de que la mente no puede retener dos pensamientos al mismo tiempo. No importa en qué estemos pensando, en el instante en que introducimos un nuevo pensamiento, el anterior desaparece, automáticamente. Todo pensamiento puede desalojar a otro, incluyendo pensamientos sobre Dios, sobre la Torá e incluso sobre el trabajo y las ocupaciones cotidianas (*Likutey Moharán* I, 233).

Es verdad que la batalla de la mente, entre los pensamientos buenos y los pensamientos malos, arrecia todo el día. ¿Qué sucedería si no ejerciéramos siempre el control que se nos pide y de vez en cuando dejáramos que nuestra imaginación vagara fuera de los límites? El Rebe Najmán ya ha anticipado esta pregunta, y nos da la respuesta:

> Cuando la persona admite pensamientos no santos, la santidad de su mente se reduce en proporción directa al espacio ocupado por estos pensamientos degradados. Si clavas una caña en una corriente de agua, a su alrededor se juntarán toda clase de desechos y basura. De la misma manera, toda clase de malas características se desarrollan debido a estas ideas no santas, y la mente se ve asaltada por deseos y tentaciones. En verdad, todos los pecados cometidos por la persona son causados, en última instancia, por las ideas no santas que originalmente admitió en su mente. Para alcanzar una mente pura, debes eliminar estos pensamientos. La mente es el alma, y cuando la persona santifica su mente, purifica su alma. Merece entonces elevar todo hacia su raíz [la Fuente de su potencial] (*Likutey Moharán* I, 35:1).

Por lo tanto, no debes sentirte descorazonado si

constantemente se te cruzan por la mente toda clase de tentaciones y fantasías. En verdad ellas te están dando la oportunidad de arrepentirte y de expiar los daños hechos en el pasado. *Hoy* tienes el poder de dominar tus pensamientos y tentaciones. Entonces, las chispas de santidad que se quebraron y cayeron debido a tus transgresiones anteriores son liberadas y entonces puedes purificarte. Tu mente y tu voz serán depuradas y encontrarás armonía y paz. Esta paz puede hacer que el mundo entero retorne al servicio a Dios.

Mantenlo Simple

Veamos cómo se desarrolla nuestro potencial. Tenemos una buena idea y parece que podemos llevarla a la práctica. Sentimos una tremenda urgencia por comenzar a avanzar en la dirección elegida. Sin embargo, si no nos restringimos, nunca podremos ir más allá del deseo de hacer lo que queremos, ni podremos concentrarnos en el objetivo. ¿Cuántos de nosotros observamos a la distancia y ponemos nuestra mira en cierto objetivo? Si no controlamos nuestros movimientos a cada paso del camino, podemos fácilmente llegar a perder de vista nuestro objetivo e incluso desviarnos de él. El abrumador Jesed que desciende a nosotros puede desviarse y desperdiciarse. Al ejercer Guevurá, podemos restringir nuestro entusiasmo una y otra vez, y tener la oportunidad de volver a examinar la factibilidad de nuestros objetivos. La Guevurá también evita la distracción.

Mantener las cosas simples es la clave para continuar en el camino y avanzar hacia el objetivo. Después de todo, la sofisticación requiere el conocimiento de muchas cosas y al buscar una solución las toma en consideración a todas ellas. Si bien es necesario captar "toda la imagen", cuando se trata de llegar a tomar una resolución será suficiente con "un sí o un no". La Guevurá, el juicio y la restricción, nos mantienen centrados en el objetivo. Explica el Rebe Najmán:

> Si una persona sigue sus propias ideas, puede caer en muchos errores y trampas y llegar así a un gran mal, el Cielo no lo permita. Existe el caso de gente que ha causado

tremendo daño, como esos famosos malvados que han confundido al mundo entero mediante su inteligencia y agudeza mental. La esencia del Judaísmo es andar con una inocencia pura, con simplicidad y sin ninguna clase de sofisticación. Asegúrate de que, sea lo que fuere que hagas, el Santo, bendito sea, esté siempre allí. No prestes atención alguna a tu propia estima. Si la acción sirve para engrandecer la gloria del Santo, bendito sea, hazlo. Y si no, no lo hagas. De esta manera podrás estar seguro de que nunca tropezarás (*Likutey Moharán* II, 12).

Esta enseñanza está basada en una de las más notables lecciones del Rebe Najmán, *"¿Aié?"*. Esta lección fue dada en respuesta al impacto de la *Haskalá* (movimiento del Iluminismo) sobre el judío medio a fines del siglo XVIII y comienzos del siglo XIX. Frente a la opresión de los zares de Rusia que estaba sofocando a los judíos de esa época, surgió un nuevo grupo de judíos librepensadores que buscó aliviar la situación abandonando los probados senderos de la Torá y de la plegaria a favor de imitar la cultura que los rodeaba. Este esfuerzo, como el de otros movimientos separatistas surgidos a lo largo de los 1700 años de exilio judío que lo precedieron, sólo trajo "nuevos" y sofisticados medios de opresión, sin mencionar la difundida asimilación.

Obviamente, la afirmación del Rebe Najmán, sobre aquellos "que han confundido al mundo entero mediante su inteligencia y agudeza mental", no se refiere a alguien que utiliza su mente para solucionar problemas. ¡¿Para qué otra cosa se le dio la mente a la persona si no es para pensar?! Lo que el Rebe está afirmando es la importancia de la simpleza. Tenemos un sendero que funciona: la Torá. Nos ha mantenido juntos como una nación judía durante miles de años. ¿Para qué buscar senderos nuevos y complicados que *siempre* muestran su incapacidad para sustentar y nutrir el alma, el potencial de la nación? Mantenlo simple. Mantente centrado en la meta. El verdadero objetivo es el Mundo que Viene, pero incluso en este mundo, los objetivos que buscamos son alcanzables si nos centramos en ellos con una actitud simple.

Sirve a Dios con simpleza y pureza, sin sofisticación alguna.

Este es el verdadero objetivo. Nunca abras un libro de filosofía. Ésta no es la herencia de Iaacov. Toda filosofía especulativa contiene la trampa de Amalek,[11] que sirve para hacer caer a la gente, que en un momento puede llegar a perder mundos completos. No hay un mal mayor que ése.

Incluso deben evitarse aquellos libros escritos por judíos que tratan sobre la filosofía especulativa, porque pueden dañar la fe santa que es la raíz de todo. Gracias a Dios, hoy en día tenemos muchos libros sagrados que contienen una sólida guía y están plenos del temor a Dios, libres de toda especulación derivada de la así llamada "sabiduría" de los griegos. Estos libros están férreamente asentados en las santas palabras de los sabios del Talmud y del Midrash. En particular, los libros [de la Kabalá] basados en las enseñanzas del Rabí Shimón bar Iojai. Estúdialos una y otra vez (*Likutey Moharán* II, 19).

Explica el Rabí Natán, "El motivo por el cual el Rebe nos prohibió leer incluso las obras filosóficas que son impecables desde el punto de vista religioso, es porque éstas presentan y analizan problemas muy difíciles sobre los caminos de Dios, pero cuando surgen con una respuesta, las explicaciones que dan son débiles y fácilmente refutables. Todo aquél que estudie estas obras y trate de responder racionalmente a esas cuestiones puede ser llevado al ateísmo al darse cuenta más tarde de que la explicación es completamente inadecuada, mientras que el problema continúa preocupándolo.

"El Rebe nos dijo que debíamos apoyarnos solamente en la fe. Si alguien tiene preguntas sobre tales temas debe saber que es imposible darles una explicación, pues con nuestras mentes es imposible comprender los caminos de Dios. Lo único que tenemos es la fe: debemos creer que todo es ciertamente correcto y adecuado, sólo que con nuestras mentes es imposible comprender las maneras de actuar de Dios" (*Tzadik* #150).

Cierta vez el Rebe se rió y dijo: "Si permitiesen que el almade

---

[11] Archienemigo del pueblo judío (cf. Deuteronomio 25:17-19).

un muerto se presentase ante una asamblea de filósofos, eso sería el final de todas sus enseñanzas".

Si unimos la acción con la decisión, junto con nuestro compromiso de evitar la sofisticación y las filosofías equivocadas, podremos lograr lo que buscamos.

Dijo el Rebe: "Siento un gran deseo por instituir la regla de que cada persona estudie una determinada cantidad de nuestra literatura sagrada cada día, sin falta". Dijo que esto debían cumplirlo también aquellos que se encuentran muy lejos de la santidad, incluso aquéllos atrapados en la 'trampa del mal' (Eclesiastés 9:12) y que pecan continuamente, Dios no lo permita. Pues la fuerza de la Torá es tan grande que puede liberarlos de sus costumbres pecaminosas. Si el pecador más grande estudiara una cantidad determinada cada día, también él podría escapar de la 'trampa del mal'. La fuerza de la Torá es tan grande, que es capaz de lograr cualquier cosa. El principal objetivo de la persona debe ser servir a Dios sin sofisticaciones. Toda buena acción y todo acto santo puede ser realizado con absoluta simpleza. Es posible estudiar mucha Torá, hacer mucho bien y dedicarle mucho tiempo a la plegaria, todo ello sin ninguna clase de sofisticación (*Sabiduría y Enseñanzas del Rabí Najmán de Breslov* #19).

LA RECOMPENSA DEL HOMBRE SIMPLE

El Rebe Najmán dijo cierta vez que Dios gana las batallas gracias a la gente simple que recita Salmos con sinceridad, y no a través de aquéllos que utilizan medios sofisticados. Como ilustración relató esta parábola:

Cierta vez un rey salió de cacería vestido como un hombre común, para tener así libertad de movimiento. De pronto se desató una gran tormenta, como un diluvio. Los ministros que lo acompañaban corrieron a guarecerse en todas direcciones y el rey corrió gran peligro. Buscó algún refugio hasta que encontró la choza de un campesino. El hombre invitó al rey a pasar y le ofreció un poco de avena. Encendió la estufa y dejó que el rey durmiese en el camastro.

Esto fue algo muy dulce y agradable para el rey. Estaba tan cansado y exhausto que le pareció como si nunca hubiese experimentado algo tan placentero.

Mientras tanto, los ministros del reino comenzaron a buscar al rey hasta que lo encontraron en esa cabaña donde vieron al rey durmiendo. Entonces le pidieron que retornase al palacio con ellos.

"Ustedes ni siquiera intentaron rescatarme," dijo el rey. "Cada uno corrió para salvar su propia vida. Pero fue este campesino quien me rescató. Aquí pude disfrutar de la experiencia más agradable. De modo que será él quien me lleve de regreso con estas prendas, en su carreta. Y será él quien se sentará conmigo en mi trono".(*Los Cuentos del Rabí Najmán, Parábola # 21*)

Explicó el Rebe Najmán que antes de la llegada del Mashíaj el mundo se verá inundado por un diluvio de ateísmo y de inmoralidad. Este "diluvio" llegará con tanta fuerza que afectará incluso a los corazones más virtuosos, y nadie será capaz de enfrentarlo mediante formas sofisticadas. Todos los "ministros reales" y los líderes serán diseminados y todo el reino perderá sus cimientos. Los únicos que podrán sostener el Reinado de Dios serán los judíos que recitan Salmos con simpleza. Cuando llegue el Mashíaj, ellos serán quienes le colocarán la corona en la cabeza.

Ira y Envidia

Para aprovechar realmente la energía de Guevurá, también debemos controlar nuestra ira. Al igual que el proceso del Tzimtzum, que es un preludio necesario para toda creación (ver Parte II, capítulo1) la energía de Guevurá puede dar nacimiento a nuevos mundos, conformando y concretando nuestros pensamientos. Esa misma energía, utilizada de manera errónea, por ejemplo, como una explosión de egoísmo o de engrandecimiento personal, pondrá fuera de alcance nuestro objetivo. Toda persona irascible opera con una visión limitada, perdiendo el foco de lo que mira. Lo único que puede ver es el objeto de su ira, ignorando las circunstancias atenuantes, otras justificaciones, o incluso un pedido de misericordia por parte del "culpable".

La única manera de mantener fija nuestra atención en el objetivo es transformar la ira en compasión (*Likutey Moharán* I, 18:2). Cuando sentimos que estamos por enojarnos con alguien, debemos tomar el recaudo de no hacer nada desagradable, sino más bien mostrar bondad. Esta canalización de la energía de Guevurá hacia Jesed nos ayuda a unirnos con un nivel más elevado, más allá de los sentimientos del momento y alcanzar algo que hasta ahora se encontraba más allá de nuestro nivel, es decir, nuestro objetivo. Mediante este acto podemos incluso tener una visión del Objetivo Final, el Mundo que Viene.

> Al superar nuestra ira hacemos descender el espíritu del Mashíaj, y se considera como si a través de nosotros hubiera sido creado el mundo y todo lo que contiene. Merecemos entonces una buena vida, podemos orar a Dios sin motivos espurios y llevar de lo potencial a lo concreto todas las mitzvot y buenas acciones que debemos cumplir (*Likutey Moharán* I, 66).

Enseña el Talmud (*Berajot* 61b), "El hígado está enojado".[12] El Rebe Najmán explica que una persona colérica es aquélla cuyo "hígado" ha tomado el control de sus emociones y las ha envenenado, haciendo que actúe como una bestia salvaje. Por el contrario, la persona que controla su ira se encuentra en paz consigo misma. Entonces todos pueden ver su lado más humano (*Likutey Moharán* I, 57:6).

Similar a la ira, la envidia puede surgir dentro de la persona

---

[12] El hígado está caracterizado de esta manera porque constantemente trabaja filtrando y purificando la sangre de los venenos que absorbe el cuerpo.

y llevarla hacia un estado de rabia. La diferencia más importante entre ambas es que la ira tiende a disiparse luego de un tiempo mientras que la envidia puede persistir y arder constantemente consumiendo a la persona misma. La envidia, al igual que la ira, es una de las características más dañinas que la persona pueda tener, que hace que se aleje de sus objetivos.

El Rabí Natán hace notar que la persona buena, aquélla que busca el bien para sí misma y para los demás, tratando siempre de sacar a luz lo mejor de cada uno, está representada por el ojo beneficioso (el atributo de Jesed). La persona envidiosa, aquélla que ve el mal en sí misma y en los demás y que despierta sentimientos de odio y controversia, está representada por el "mal ojo". Pese a su buena fortuna, esa persona albergará malos sentimientos hacia todo aquél que posea incluso una fracción de lo que ella tiene (*Likutey Halajot, HaOsé Shliaj Ligvot Jovó* 3:11).[13]

Pero la envidia, al igual que la ira, tiene un lado beneficioso. Por ejemplo, aquél que envidia la sabiduría de otro y se dedica a obtener aquello que le falta, utiliza la envidia de manera productiva. Nuestros sabios alaban los beneficios del *kinat sofrim* (de los celos entre los estudiosos) debido a que produce más pensamientos de Torá (ver *Bava Batra* 21a).

Debemos aplicar nuestra Guevurá, nuestra capacidad para poner límites en la vida, para aprender cuándo y dónde podemos colocar nuestras energías de la manera más beneficiosa posible, estableciendo así un camino hacia el éxito, y centrándonos en alcanzar nuestros objetivos.

---

[13] En una de sus enseñanzas, el Ari cita las ˙Shin-Ain Luces˙ (370 Luces del Rostro) que representan la Luz de Keter al desplegarse. Opuesto a estas luces está el *ASh* (gusano, deletreado *Ain-Shin*), que consume todo lo que ve. Estos conceptos son un paralelo de la benevolencia del buen ojo y de la envidia del mal ojo. Enseña así el Talmud (*Shabat* 152b), ˙Al envidioso se le pudren los huesos˙, porque lo carcome el ˙gusano˙ de la envidia (cf. *Shaar HaGuilgulim* #23).

8

TIFERET

La Luz de la Verdad y de la Paz

Tiferet se traduce como "belleza" y representa la armonía y la verdad que pueden iluminar nuestras vidas, y en verdad lo hacen. La palabra hebrea *tiPhERet* comparte la misma raíz que las palabras *PeER* (belleza) y *PuRá* (ramas). En la estructura de las Sefirot encontramos a Tiferet en la columna del centro, ramificándose hacia la derecha y hacia la izquierda, recibiendo de las Sefirot superiores y transfiriendo su abundancia hacia las Sefirot inferiores. Esto, en un sentido, es la verdadera belleza de Tiferet, que es capaz de unir y armonizar todas las energías, canalizándolas con el fin de traer beneficios para todos.

Como símbolo de la bondad y de la unidad, Tiferet también representa la paz. Esto es algo que podemos apreciar a escala humana cuando las familias o los grupos pueden vivir en paz unos con los otros pese a sus diferencias. También es evidente a escala Divina cuando Dios, Quien es Uno, es al mismo tiempo la Verdad Absoluta, la Unidad Absoluta y el Dador Absoluto de la Paz. Así Tiferet manifiesta la paz que resulta pese a los diferentes puntos de vista.[14]

---

[14] Tiferet es llamado a veces Rajamim (Misericordia) y a veces Mishpat (Juicio equilibrado). Tiferet es por lo tanto un Juicio Misericordioso, es decir, el juicio atemperado por la misericordia. La función de un juez en una disputa es

Tiferet también corresponde al estudio de la Torá. Al igual que Tiferet, la Torá tiene muchas "ramas". Comenzando con un solo versículo o frase de las Escrituras, los comentaristas toman referencias de otras partes de la Torá para desarrollar y revelar diferentes aspectos de su significado e incluso encontrar nuevas ideas en el versículo original. Aquéllos familiarizados con el estudio de la Torá, tanto la Torá Escrita y su complemento la Torá Oral, incluida la Kabalá, conocen muy bien la capacidad de la Torá para guiar a la persona desde un primer pensamiento (es decir, enseñanza) hacia una conclusión lógica del tema. ¡¿Qué mejor manera de aprender a controlar nuestro potencial que aplicar el razonamiento analítico de la Ley de Dios a un plano práctico?!

Naturalmente, todos aseguran tener la verdad y, notablemente, de una manera u otra, cada persona la posee. Todos tenemos nuestro criterio individual o perspectiva propia de lo que es la verdad. En cuanto a la real esencia de la verdad, bueno, eso ya es otra cosa. Las enseñanzas del Rebe Najmán sobre los temas de la verdad, la armonía y la paz son pilares concretos que nos ayudarán a dominar estos atributos.

> Una vez la familia del Rabí Natán lo presionó para que aceptara una oferta de trabajo como rabino de un cierto pueblo. El Rabí Natán no estaba seguro de tomar ese puesto porque podía interferir con sus sesiones de estudio con el Rebe Najmán. Cuando trató el tema con el Rebe, éste le preguntó, "¿Quién más debería ser rabino? ¿Alguien que no conoce las respuestas?".
>
> El Rabí Natán se quedó asombrado. "¡Rebe! ¿Ésa es la verdad? ¿Debo aceptar ese trabajo?".
>
> El Rebe Najmán respondió, "Sí. ¿Ésa es la verdad?".
> Escuchando la inflexión de la voz del Rebe, el Rabí Natán persistió, "Pero Rebe, ¿ésa es la *emeser emes* (la verdad *real*)?".

---

decidir entre las partes en conflicto y ayudarlas a alcanzar un acuerdo pacífico. Aunque, como individuos, percibimos la verdad de maneras diferentes, el juez verdaderamente sabio puede ayudarnos a reconocer, a aceptar e incluso a superar las vastas diferencias entre nosotros de modo que podamos vivir en armonía. Ésta es la manifestación de Tiferet.

El Rebe Najmán le respondió, "¡No! La verdad real para ti es no aceptar ese puesto". (En ese caso, ello habría limitado el crecimiento espiritual del Rabí Natán).

La verdad existe para todos. Pero hay una esencia de la verdad, y esto es lo que debemos buscar.

El Rebe Najmán se ocupa de estas variaciones en la verdad. "Si mi perspectiva es correcta, ¿por qué escuchar al otro? Pero, ¡puedo estar equivocado! Si es así, ¿cuál es la verdad *real*? Si la verdad es una, y yo tengo al menos un elemento de verdad, entonces ¿por qué estoy confundido? ¿Por qué no puedo encontrar una solución simple? ¿Por qué me rodea la oscuridad?". Responde el Rebe:

> Pase lo que pase, puedes darte ánimos y fortalecerte con la verdad, dado que la verdad es la luz de Dios Mismo y ninguna oscuridad puede opacarla. No hay en el mundo impureza ni aspecto de mal que no contenga una apertura a través de la cual puedas escapar; lo que sucede es que no la puedes ver debido a la gran oscuridad que allí prevalece. Pero a través de la verdad, Dios Mismo te irradia luz, e incluso en las profundidades puedes ver y ser capaz de encontrar una apertura de esperanza a través de la cual pasar de la oscuridad a la luz y verdaderamente acercarte a Dios en todo momento (*Likutey Moharán* I, 112).

Por lo tanto, la verdad existe dentro de cada uno, pero siempre hay obstrucciones. Tomemos el ejemplo de la plegaria. Generalmente, apenas nos ponemos de pie para orar, nos vemos abrumados por pensamientos extraños y fantasías que llevan a nuestra mente lejos de donde queremos que esté. Para ese momento, el Rebe recomienda, "El mejor remedio es asegurarte de que las palabras surjan de tus labios con verdad. Cada palabra que sale de tu boca con verdad y sinceridad te provee de una salida para la oscuridad que te está atrapando; entonces serás capaz de orar apropiadamente. Éste es un principio fundamental al orar o meditar. Es posible que seas incapaz de decir una sola palabra debido a la intensa oscuridad y a la confusión que te rodea. Pero asegúrate de que, sea lo que fuere que estés diciendo, lo digas de la manera más honesta y verdadera posible.

"Por ejemplo, puedes al menos decir con verdad las palabras, *¡Dios, ayúdame!* Es posible que no seas capaz de poner mucho entusiasmo en las palabras, pero al menos puedes decirlas sinceramente y ser consciente de lo que estás diciendo de manera literal. La verdad de tus palabras te enviará luz y serás capaz de orar, con la ayuda de Dios" (*Likutey Moharán* I, 9:4).

La plegaria es un "mano a mano". Está Dios y estás tú. Dios está allí, pero ¿cómo puedes *saberlo*? ¿Cómo puedes sentirlo? Trata con la verdad. Trata con la honestidad. Trata de decir las palabras tan sinceramente como puedas. Búscalo. Entonces sentirás que Dios te está buscando a ti. Tú eres honesto. Dios es verdad. Ambos son uno y lo mismo. Tú eres uno y lo mismo, fundiéndote con Dios, tomando de Sus Ilimitados Recursos, y Su Ilimitado Potencial.

Y siempre debes saber: "Cuando dices la verdad, eres bendecido con la bondad del Cielo" (*El Libro de los Atributos, Salvación y Milagros*, p.36). Cuando dejas que la verdad afecte todo tu ser interior, abres el flujo de Jesed (Bondad) desde Arriba y creas canales para recibir esa abundancia, preparando también su transferencia hacia los demás. Esto se une con otra enseñanza: "La verdad traerá la redención final" (*El Libro de los Atributos, Verdad*, p.8). Cuando el hombre enfrenta sus responsabilidades y acepta la verdad real, puede llegar a concretar su potencial.

Agrega el Rebe Najmán, "La única manera de llegar a la verdad es acercándose a los verdaderos Tzadikim y siguiendo sus consejos sin desviarse de sus palabras ni a derecha ni a izquierda" (*Likutey Moharán* I, 7:3). Los Tzadikim son individuos que ya han alcanzado la verdad y conocen la importancia de comunicar esa verdad. Sin embargo, debemos discernir: Existen personas muy grandes, Tzadikim por sí mismas, quienes sin embargo no han alcanzado la verdad absoluta. Como explica el Rebe:

¡Debes saber! La verdadera enseñanza de labios de un verdadero Tzadik, incluso sobre temas mundanos, es más valiosa que las enseñanzas de Torá de otro Tzadik. Esto se debe a que es posible que en las enseñanzas de Torá del otro Tzadik haya una gran mezcla. Pero las enseñanzas que expresa el Tzadik verdadero no son más que verdad. Y debido a que ellas son sólo verdad, sin mezcla alguna, no hay nada más valioso (*Likutey Moharán* I 192:1).

El Rebe Najmán nos está diciendo que hay muchos niveles y perspectivas de la verdad. Incluso gente buena y recta puede no haber alcanzado la absoluta verdad. Por lo tanto, debemos continuar buscando, sin importar lo que pensemos que hayamos logrado. Esto también se aplica a desarrollar nuestro potencial, porque podríamos pensar que hemos llegado lo más lejos posible sin darnos de cuenta que todos tenemos recursos que aún no han sido utilizados. Mediante una búsqueda honesta, podemos aprender más sobre nosotros mismos y sobre nuestras capacidades, más allá de lo que hubiéramos creído posible.

El Estudio de la Torá

El estudio de la Torá es una herramienta esencial en nuestra búsqueda: Aumenta nuestra percepción de la verdad.

Sin la Torá, es imposible vivir. A veces puedes arder con una fogosa pasión por Dios, pero la pasión puede ser excesiva y consumirte por completo. El estudio de la Torá tiene el poder de enfriar las llamas y permitirte sobrevivir. Hay otras veces en que puedes arder con el deseo de las tentaciones de este mundo. El fuego de estas pasiones te puede quemar el cuerpo entero. Estudiar Torá te protege contra esto. El fuego dentro de ti se apaga y puedes vivir. La Torá es la fuente de toda vida verdadera (*Likutey Moharán* I, 78).

La Torá es un gran Jesed de Dios: Él nos dio esta guía para que navegáramos a través de las vicisitudes de la vida. Además, las leyes de la Torá actúan como límites y parámetros para la vida, de modo que la Torá también es un paralelo de Guevurá. Sus enseñanzas se juntan en Tiferet, la perfección, la verdad y la armonía, como en (Salmos 19:8), "La Torá de Dios es perfecta". Por estas razones, el Rebe Najmán puso un gran énfasis en el estudio de la Torá. "Róbale tiempo a tus negocios y otras actividades para estudiar Torá", recomendó. "Aunque te sobrecarguen las obligaciones, no es posible que estés tan ocupado como para no poder arrebatar un poco de tiempo cada día y dedicarlo a la Torá" (*Likutey Moharán* I, 284).

> Trata, durante el transcurso de tu vida, de recorrer toda nuestra literatura sagrada. Habrás visitado así todos los lugares de la Torá. La gente adinerada viaja constantemente de un país a otro. Gastan inmensas fortunas para poder vanagloriarse de haber estado en algún lejano lugar. De la misma manera, también tú debes viajar por toda la Torá. En la Vida Futura también podrás vanagloriarte de haber visitado todos los lugares de nuestra literatura sagrada. En ese momento también recordarás todo lo aprendido (*Sabiduría y Enseñanzas del Rabí Najmán de Breslov* #28).

El estudio de la Torá no debe ser visto como una obligación desagradable. Uno tiene que saber *cómo* estudiar, y buscar las guías para navegar por sus vericuetos. El Rebe Najmán sugiere dos modos adicionales que pueden facilitar la transición y ayudar a que uno "saboree" la dulzura de la Torá. El primero es quebrar por completo el orgullo. Nunca te adjudiques el crédito a ti mismo; todo el crédito es sólo de Dios. El segundo es dar caridad, especialmente a causas caritativas en la Tierra de Israel. Ésta es la manera de recibir de las "mentalidades de la Tierra de Israel" y así saborear la dulzura de la sabiduría de la Torá (*Likutey Moharán* II, 71).

El estudio de la Torá es de suprema importancia. El Rebe Najmán dice que todas nuestras plegarias y pedidos son aceptados en mérito a nuestro estudio. Más aún, los estudiosos de la Torá son dotados de una gracia especial que hace que los demás estén de acuerdo en cubrir sus necesidades, tanto materiales como espirituales (*Likutey Moharán* I, 1:1).

Sin embargo, recuerda que "la persona no puede merecer la Torá si no es a través de la humildad" (*Likutey Moharán* I, 14:4). Es natural sentir orgullo al alcanzar un objetivo por el cual hemos estado trabajando arduamente. No debemos dejar que esos sentimientos desborden y nieguen a los demás. La humildad, que es un requisito previo para el estudio de la Torá, también va mano a mano con Tiferet. Aquí hay algunos consejos para alcanzar la paz interior y la armonía con los demás:

> Siempre debes estar en paz contigo mismo. No es bueno que los diferentes aspectos de tu personalidad estén en conflicto entre sí. También busca la armonía en tus relaciones con el mundo exterior. No importa si las cosas aparecen como buenas o malas: siempre busca a Dios en todo lo que te suceda. No permitas que nada te aparte del camino. Ten fe en que todo lo que experimentas, día a día, es un favor y una bendición. Esto se aplica incluso a tus dificultades y sufrimientos. Debes creer y saber que todo es para tu bien último. Su único propósito es acercarte a Dios, si verdaderamente lo deseas.
>
> El mismo principio básico se aplica a las relaciones con tus amigos. Debes amarlos y estar en paz con ellos, sin importar su comportamiento, incluso si te hacen las cosas difíciles. Siempre júzgalos en la escala del mérito y encuentra el bien en ellos. Interpreta todo bajo una buena luz y recuerda que las intenciones de tus amigos no eran tan malas como pensaste. Es muy importante trabajar para que las relaciones con tus compañeros y con todo Israel sean de amor y de paz. Esto se logra a través de la Torá, que es llamada "paz" y a través de los Tzadikim, que son llamados "paz" (*Likutey Moharán* I, 33,1).

Cuando hay paz entre dos personas, ellas pueden hablar entre sí y considerar juntas el propósito final de este mundo y sus vanidades. Pueden hablar de la verdad, es decir, que al final nada queda de la persona excepto aquello que ha preparado para sí misma en el Mundo Eterno. Porque, "Ni la plata, ni el oro, ni las piedras preciosas, ni las perlas acompañan a la persona después de su muerte; sólo su estudio de la Torá y sus buenas acciones" (*Avot* 6:9). Como resultado de este diálogo honesto, podemos dejar de lado nuestra adoración del dinero y acercarnos a la verdad, volviéndonos hacia Dios, hacia Su Torá y hacia el trabajo espiritual (*Likutey Moharán* I, 27:1-2).

> Buscar la paz trae confianza en Dios.
> La verdad promueve la paz (*El Libro de los Atributos, Paz,* p.64).

9

NETZAJ, HOD
La Luz de la Unión

Cuando la energía de las Sefirot superiores es canalizada en proporciones restringidas y determinadas hacia las Sefirot inferiores, comenzamos a ver un aspecto más "específico" y refinado de nuestros objetivos.

Este proceso puede ser fácilmente visualizado en la anatomía humana, que es un paralelo de las Sefirot. Jesed, Guevurá y Tiferet se manifiestan en la parte superior del cuerpo, en los brazos y el torso, que representan movimientos hacia arriba, hacia abajo y hacia afuera, simbolizando un punto de vista "más general" y la amplia gama de todo lo que podemos lograr. Pero las ideas son todavía demasiado abarcadoras, y el objetivo es aún impreciso. Nuestras ideas deben ser destiladas más aún a través de Netzaj y de Hod. Estas Sefirot son un paralelo de las piernas, las cuales, aunque pueden moverse en varias direcciones tienen, en comparación con los brazos, una movilidad limitada.

Las piernas son los pilares que sostienen al cuerpo y los medios principales de locomoción humana. Espiritualmente, las piernas representan el alcance más bajo y externo del hombre. Con las piernas, el hombre hace contacto con el suelo físico. Apoyándose con las piernas sobre la tierra, es capaz de elevarse por encima de ella. Con las energías de Netzaj y de Hod, que corresponden a la pierna derecha y a la pierna izquierda, aprendemos a asentarnos firmemente, aun mientras buscamos grandes alturas. Al mismo tiempo, no perderemos de vista nuestras limitaciones, pese al anhelo por alcanzar aquello que está más allá.

En la Kabalá, Netzaj y Hod corresponden a los riñones, cuya función es "aconsejar" a la persona (*Berajot* 61a). Tal como los riñones actúan como un sistema de filtrado del cuerpo, reteniendo los fluidos necesarios y expulsando la materia de desecho, aquél que busca consejo debe sopesar lo que escucha, reteniendo las ideas que lo ayudarán a completar su tarea y rechazando lo superfluo. Netzaj y Hod nos llevan a filtrar el consejo necesario para completar nuestra misión.

La palabra hebrea *NeTZaJ* comparte la misma raíz que *leNaTZeaJ* (eterno, dominio, victoria). Netzaj, siendo la Sefirá que sigue a Tiferet (verdad), representa la necesidad de ser honesto en la victoria, como en (Samuel 1, 15:29), "*Netzaj Israel lo ieshaker* - El Eterno [y Victorioso] de Israel no mentirá". Esto incluye la idea de "victoria" como la causa de que nuestros enemigos dejen de oponerse a nosotros. La adquisición de Netzaj significa que los otros reconocen el valor de nuestros logros y nuestros enemigos piden el cese total de las hostilidades. Incluso si no hay una oposición directa a nuestros objetivos, puede haber "habladurías" y quizás burlas contra la persona o el proyecto. Pero Netzaj, la verdadera victoria, trae incluso el cese de este antagonismo.

Hod significa "esplendor". También está relacionado con la palabra *HODá* (aceptación), que connota un estado de sumisión y empatía. El "esplendor" de Hod se manifiesta en la forma en que uno honra la Torá y a los estudiosos de la Torá.[15] Hod refleja la "aceptación" de que la Torá es el medio mediante el cual aprendemos acerca de Dios; al someternos a un Poder Superior, podemos organizarnos y orientarnos mejor hacia nuestros objetivos. Hod también refleja empatía, dado que dirigimos

---

[15] Dado que Netzaj y Hod limitan con Tiferet, su posición adyacente refleja su soporte de la Torá, que corresponde a Tiferet, como se explicó en el capítulo anterior.

nuestras energías a sustentar al pobre, incluyendo aquéllos que son físicamente débiles, financieramente inseguros y emocional o espiritualmente vulnerables.

Estas Sefirot nos dirigen, haciendo que evitemos "caminar en la senda de los malvados" (cf. Salmos 1:1). La palabra hebrea para pie, ReGueL, está relacionada etimológicamente con leRaGueL (calumniar). Al adquirir los atributos de Netzaj y Hod, minimizamos nuestra participación en la calumnia y en el habla malvada (ver Likutey Moharán I, 14:12). Nuestros esfuerzos nos llevarán a hacer la paz entre la gente, aumentando la influencia de Tiferet (paz). La paz, la ausencia de conflictos en nuestras mentes y en el entorno es, naturalmente, el mejor estado para concentrarnos en nuestros objetivos.

Netzaj es una extensión de Jesed, mientras que Hod es una extensión de Guevurá. Ambas, Netzaj y Hod, son necesarias para alcanzar un equilibrio en la vida, pues debemos aprender no sólo a dar y a dejar de dar, sino también a recibir y a ceder ante los demás. Al utilizar ambas "piernas", podemos avanzar, confiados en el éxito de nuestros esfuerzos, manteniendo un alerta saludable al recordar que a veces debemos detenernos y someternos a fuerzas superiores a las nuestras.

Por otro lado, esto quiere decir que si eres digno de ascender a cierto nivel, no debes permitirte quedarte en tu nivel actual. No importa dónde estés, nunca debes estar satisfecho con tu nivel presente. Siempre eres capaz de hacer y de lograr más, y por lo tanto estás obligado a desarrollar y a utilizar esa capacidad. Eso es Netzaj.

Por otro lado, si llegas a caer, no importa cuán lejos o hasta dónde, incluso a los abismos más profundos de la depravación, Dios no lo permita, nunca debes perder la esperanza. Sea lo que fuere que suceda, busca y ruega a Dios para que te ayude. Debes "mantenerte en tu lugar", es decir, fortalecerte de la manera en que puedas y en el lugar en el que te encuentres. Elige siempre retener la vitalidad del momento pese a las restricciones, desafíos y oposiciones que puedas encontrar. Eso es Hod.

Estas Sefirot también representan la capacidad para la renovación, para comenzar de nuevo y, pese a los desafíos que nos apartan del camino, para darles a nuestros objetivos otra posibilidad más de concretarse.

Las piernas tienen una fuerza tremenda. Acostúmbrate a pararte firmemente. Cuando decidas avanzar, hazlo con convicción. Cuando debas detenerte y ceder el paso, hazlo sin vacilar y sin remordimientos.

Caminar de esta manera revela el secreto de la autoanulación. La pierna derecha corresponde a la afirmación del yo; la pierna izquierda a la autoanulación. Caminar requiere de una combinación de ambas. Al afirmarte a ti mismo, no empujes a Dios fuera del cuadro. Y cuando debas anularte, no te equivoques pensando que dejas de ser una persona. Los más grandes Tzadikim conocían el secreto de la autoanulación, y en eso residía su grandeza. Eran capaces de mantenerse firmes frente a cualquier desafío, apoyándose en su confianza en Dios y en su fe en sí mismos.

Además, Netzaj significa afirmarte a ti mismo y comprender tu importancia en la búsqueda de Dios. Hod significa apreciar tu insignificancia. Sin embargo, es ese mismo reconocimiento de tu propia insignificancia frente a Dios lo que te permite reconocer que Dios está en todas partes. Así, se dice que Netzaj y Hod están totalmente interconectados el uno con el otro.

En la Kabalá, casi siempre se describe a Netzaj y Hod como unidos entre sí. Como mellizos gemelos, representan una clase única de unión: la unión de dos opuestos que aun así permite el crecimiento individual. Las energías de Netzaj y de Hod nos permiten afirmarnos sobre una base sólida a lo largo de la vida, desarrollando nuestro potencial latente en acciones concretas.

El Rebe Najmán trae una conexión entre estas dos Sefirot y el poder de la Halajá (caminar o ir). Si la persona desea acercarse a Dios, explica el Rebe, debe emplear las habilidades de "correr" y "retornar" (cf. Ezequiel 1:14):

> Aunque estés experimentando un ascenso y un elevado nivel espiritual, no debes mantenerte allí ni estar satisfecho

con ello. Más bien, debes ser extremadamente experto en esto, sabiendo y creyendo que debes continuar más y más adelante. Ésta es la pericia del "correr". Por otro lado, aunque caigas en el infierno más profundo, Dios no lo permita, nunca debes abandonar la esperanza. No importa dónde estés, debes fortalecerse con todos los medios posibles. Pues Dios puede ser encontrado incluso en el infierno más profundo y también allí es posible unirse a Él. Esto corresponde a (Salmos 139:8), "Y si hago mi lecho en el infierno, aquí estás Tú", la pericia en el "retornar" (*Likutey Moharán* I, 6:11).

La palabra Halajá también se refiere a la Ley Judía. Esto sugiere que el sendero que debemos elegir debe ser uno legítimo, y no uno ilegal. Y, tal como Netzaj y Hod son energías adyacentes a Tiferet (Torá, es decir, Ley), las habilidades necesarias para desarrollar nuestro movimiento hacia adelante dependen del conocimiento de la Halajá.

Un Obstáculo Adelante

Los Kabalistas describen el sendero hacia Dios como en etapas, más que una subida continua. Este modelo explica por qué la persona que ha superado ciertos desafíos u obstáculos puede volver a encontrarlos en una etapa posterior de su viaje espiritual. No debe pensar que ha caído en sus esfuerzos, retornando a lo que "solía ser". Más bien, en cada nuevo nivel, los deseos físicos, las ilusiones, los pensamientos negativos, la confusión y las barreras vuelven a levantarse nuevamente. No ha retrocedido en absoluto; estas fuerzas son simplemente el "comité de bienvenida" al próximo nivel, donde deberá combatirlas nuevamente. Al fortalecerse con determinación y negándose a desmoralizarse, puede superarlas nuevamente y continuar elevándose más todavía (*Likutey Moharán* I, 25:1-3).

Tratar de servir a Dios ante la oposición o las dificultades abrumadoras puede ser frustrante. Después de todo, estás tratando de servir a Dios y de alcanzar tu objetivo. ¿Por qué debes enfrentar dificultades cuando estás tratando de hacer lo correcto? ¿Por qué no tiene problemas la gente que no va tras los objetivos correctos? El Rebe Najmán revela una idea fascinante acerca de la verdadera naturaleza de las barreras y de los obstáculos:

> Cuanto más grande sea el valor del objetivo que anhelas, mayores serán los obstáculos y las barreras que te enviarán para fortalecer tu deseo. Porque el deseo está en proporción a la magnitud de las barreras... Siempre hay dificultades y obstáculos cuando tratas de hacer algo santo... Necesitas una feroz determinación; debes fortalecer tu deseo y tu voluntad en proporción a la grandeza del objetivo al que aspiras. Entonces podrás quebrar las barreras y alcanzar tu objetivo. No hay barrera en el mundo que la persona no pueda quebrar, mientras tenga el deseo y la voluntad de hacerlo (*Likutey Moharán* I, 66:4).

"Tal vez pienses que las barreras que experimentas en tus esfuerzos por servir a Dios son tan grandes que nunca serás capaz de quebrarlas", agrega el Rebe. "Pero eso no es verdad. Nunca nadie se ve confrontado con obstáculos que es incapaz de superar si realmente lo desea. Dios sólo envía obstáculos que están dentro de tu capacidad para superarlos si realmente estás determinado a hacerlo. Si piensas en esto con cuidado, comprenderás que el obstáculo es en verdad un velo de Dios Mismo. En realidad, no hay obstáculos en absoluto. Son simplemente una ilusión" (*Likutey Moharán* II, 46).

Esta idea es un gran estímulo para todo aquél que ha decidido mejorar su situación. Incluso luego de una vida de búsquedas materiales, la persona puede retornar a Dios y, con seguridad, Lo encontrará en las barreras que la confrontan. Estas barreras no están concebidas para alejarnos del sendero espiritual; más bien, son una señal de que uno se encuentra en la senda correcta y debe seguir adelante (*Likutey Moharán* I, 115).

> La única razón por la cual la persona está lejos de Dios es para que se despierte y se acerque más a Él todavía. Si caes, comienza a servir a Dios nuevamente como si nunca antes lo hubieras hecho. Esta es una regla fundamental en el servicio a Dios: comenzar de nuevo cada día, literalmente (*Likutey Moharán* I, 261).

Al tratar de alcanzar un objetivo, cualquier objetivo, es importante no perderlo nunca de vista. Si nos desviamos necesitamos fortalecernos una y otra vez. Pues, pese al hecho de haber hecho malas elecciones, pese a la falta de un conocimiento real sobre lo que deberíamos estar haciendo, y pese a los errores y pecados intencionales, debemos comenzar de nuevo. De esta manera, nos mantenemos centrados en el objetivo. De esta manera, aún podemos "crear" y desarrollar nuestras ideas hasta que finalmente puedan concretarse.

> Nunca te dejes abatir por completo. Puedes caer de muchas maneras. En ciertos momentos tu plegaria y tu devoción pueden parecerte sin sentido. Esfuérzate y comienza nuevamente. Actúa como si recién estuvieses comenzando a servir a Dios. No importa cuántas veces te caigas, levántate y comienza nuevamente. Haz esto una y otra vez, pues de otra manera nunca podrás llegar a estar cerca de Dios. Vuélvete hacia Dios con todas tus fuerzas.

> Permanece firme, no importa cuán bajo hayas caído. Así sea que te eleves o que desciendas, anhela siempre acercarte a Dios. Puedes ser arrastrado muy bajo, pero clama, implora y suplícale a Dios y haz todo lo que puedas para servirlo a Él con alegría. Pues sin esta fuerza interior nunca serás capaz de acercarte verdaderamente a Dios. Mantén este impulso hasta que no desees hacer otra cosa en tu vida más que servir a Dios. Debes estar dispuesto a hacerlo aun sin una promesa de recompensa.

> Es posible que imagines que te encuentras tan lejos de Dios que no mereces ninguna Recompensa Futura. Aun así debes servir a Dios como puedas, aun sin esa promesa. Aunque te parezca que estás perdido, continúa sirviendo a Dios lo mejor que puedas. Realiza una buena acción, estudia algo, eleva una plegaria y Dios hará lo que sea mejor a Sus ojos (*Sabiduría y Enseñanzas del Rabí Najmán de Breslov* #48).

Recuerda que Netzaj se traduce como "victoria" y como "eterno". Escribe el Rabí Natán que estos significados están muy interconectados. La única victoria que posee un valor real es una victoria eterna (*Likutey Halajot, Birkot Pratiot* 5:2). El Rabí Natán se refiere a las victorias pírricas de los reyes y de los conquistadores que, años después, pierden sus guerras y sus reinados. ¿Qué valor tienen los triunfos a corto plazo? En la vida diaria, esto se manifiesta en las peleas familiares, en las disputas comunales, en las divisiones políticas, etcétera. La mayor parte de las victorias duran poco, pues llegan otros y borran todas las ganancias que podrían haberse logrado. Netzaj nos enseña a centrarnos en los objetivos duraderos, eternos. También significa ir tras esos objetivos con determinación.

Hod, por otro lado, nos enseña a retroceder cuando es necesario. Aunque queramos avanzar con determinación, a veces debemos frenarnos. He aquí una buena manera de mirar a Hod y comprender su gran valor:

> Siempre debes sentirte satisfecho con lo que tienes. Sólo toma del mundo aquello que es absolutamente esencial. No vivas en el lujo como viven tantas personas hoy en día. La gente que carece de este sentido de satisfacción es aquélla a la cual hace referencia el dicho (Proverbios 13:25), "El vientre del malvado nunca está satisfecho", porque siempre necesitan algo más. Debes estar satisfecho con lo que Dios te ha dado, e incluso de este mínimo debes contribuir con una porción para caridad. Esto trae una gran unificación en los mundos superiores, y bendice al mundo con abundancia *(Likutey Moharán* I, 54:3).

El Rebe Najmán no glorifica la pobreza. En verdad, de acuerdo con los Kabalistas, Hod indica riqueza. Lo que el Rebe Najmán propone es evitar dejarse llevar por los objetivos a corto plazo de la riqueza y de la fama. No tiene nada de malo la riqueza, mientras no sea tu objetivo. A la inversa, al vivir de manera simple, puedes experimentar una vida de satisfacción con lo poco o mucho que tengas. Esto te da el lujo de perseguir los objetivos que realmente buscas alcanzar.

Un Nuevo Día - Un Nuevo Comienzo

El Rebe Najmán enseña que el secreto para una larga vida es hacer nuestros días "largos", agregándoles más santidad. Todos podemos enriquecer y llenar cada momento de cada día realizando una mitzvá, dedicando tiempo al estudio de la Torá, con pensamientos sobre Dios o dando pasos hacia el logro de nuestro objetivo espiritual.

> Al comenzar, el día parece muy corto. Los logros espirituales que necesitas alcanzar en este día son una pesada carga. Hace falta una gran determinación para no descorazonarse frente al peso de las devociones que debes realizar en ese día. Pero debes tener ánimo y no darte por vencido. Empieza, incluso si al principio las cosas parecen pesadas y difíciles. Si tienes la suficiente determinación, las cosas se volverán más fáciles y verás que puedes lograr lo que debes. Ocúpate de enriquecer cada hora que pasa y de alargarla con más santidad. Haz lo mismo con cada nuevo día. Que cada día tenga más santidad que el anterior. Entonces serás bendecido con largos días. La raíz de esta capacidad en la vida radica en cultivar el verdadero temor al Cielo (*Likutey Moharán* I, 60:2-3).

Al alargar tus días con santidad, adquieres el "lujo" de un sentimiento de plenitud: "¡Hoy hice algo!". "¡Hoy alcancé algo!". Mantenerse centrado en el objetivo produce un gran sentimiento de logro.

"La clave para todo es la manera en que comienzas", enseñó el Rebe Najmán. "Todos los comienzos son difíciles porque estás tratando de llevar las cosas desde una dirección hacia la opuesta. Pero una vez que has comenzado, empiezas a habituarte a la dirección en la cual vas andando y las cosas ya no son tan difíciles... Cada día debes ir "hacia atrás", en el sentido de que siempre debes tratar de inspirarte con el comienzo, que fue lo más difícil de todo" (*Likutey Moharán* I, 62:25).

Considerar cada día como un nuevo comienzo también puede ayudar a combatir otros obstáculos, tales como la oposición por parte de la familia y de los amigos. Cuando comenzamos el día como si no hubiera habido nada antes, sin presiones, sin influencias externas, nos acercamos más al objetivo que buscamos. De esta manera podemos emular la fortaleza de Abraham, el padre del pueblo judío, quien se centró en su objetivo de servir a Dios como si él hubiera sido la única persona en el mundo, sin prestarles atención a sus detractores (*Likutey Moharán* II, Prefacio).

Hemos mencionado que Netzaj y Hod representan los "riñones", los órganos que aconsejan. En hebreo, los riñones son llamados *klaiot* y *betujot* (Salmos 51:8). La palabra *BeTuJot* comparte la misma raíz que *BiTaJón* (confianza). Debemos confiar en nuestros instintos y tener fe en nosotros mismos. También debemos confiar en que Dios estará siempre con nosotros.

> Cuando confías en Dios y sólo Lo buscas a Él para cubrir todas tus necesidades, se forma un recipiente en el cual puedes recibir Su bendición. Aquello que necesites te será enviado en el lugar y en el momento en que lo requieras (*Likutey Moharán* I, 76).

Estas necesidades incluyen a nuestro elusivo pero muy buscado potencial. Al desarrollar la confianza creamos los recipientes necesarios para recibir las bendiciones de Dios. Entonces podemos alcanzar nuestros objetivos.

SÓLO HUMANO

La persona debe siempre recordar que es un ser humano. Todos cometemos errores e incluso podemos sucumbir a las tentaciones y al pecado. Pero aun así, a través del arrepentimiento, podemos sacudirnos el polvo y comenzar de nuevo. La famosa parábola del Rebe Najmán, "Los Granos Contaminados", ilustra este punto:

> Cierta vez un rey le dijo a su primer ministro, quien era además su mejor amigo, "Veo en las estrellas que todo aquél que coma del grano que crezca este año va a enloquecer. ¿Qué me sugieres que haga?".

> El primer ministro le respondió, "Debemos guardar suficientes granos como para que al menos nosotros dos

no tengamos que comer de la cosecha de este año".

Pero el rey objetó, "Entonces nosotros seremos los únicos cuerdos y todos los demás estarán locos. Así ellos pensarán que los locos somos nosotros. Por otro lado, es imposible guardar suficientes granos como para todos. Por lo tanto también nosotros deberemos comer del grano de este año. Pero nos haremos marcas en la frente y así al menos sabremos que estamos locos. Yo miraré tu frente y tú mirarás la mía y cuando veamos estas señales ambos sabremos que estamos locos".

Cada éxito y cada fracaso en nuestro "boletín" han contribuido a hacernos la persona que somos hoy. Al aceptar la verdad de nuestra situación en lugar de ignorarla o negarla, podemos descubrir nuestros errores, arrepentirnos de nuestras malas acciones, y redirigir nuestras energías hacia logros positivos. Nos permitimos dar ese audaz paso hacia adelante ("marcar la frente"), si bien ese mismo paso es una señal de rendición.

10

IESOD
La Luz del Fundamento y de la Rectitud

Iesod se traduce como "Fundamento" y corresponde al órgano de reproducción masculino. Explicando esta conexión, la Kabalá se refiere a Iesod como *Jai Olamim* (Vida de los Mundos) (*Zohar* I, 193b). "Vida", porque Iesod sirve a la esencia misma y al propósito de la vida, y también porque se dice que está "vivo" (es decir, es instrumental para traer la vida). "Mundos", porque Iesod provoca la interacción entre los Mundos Superiores y este mundo (que está representado por Maljut, la Sefirá de abajo). Al igual que el acto sexual, que junta y canaliza todas las energías masculinas en su unión con lo femenino, Iesod recoge las energías de todas las Sefirot precedentes y las canaliza hacia Maljut, culminando en la realización de nuestros deseos, esfuerzos, luchas y logros.

De acuerdo con la Kabalá, las energías que Iesod recoge y transfiere son llamadas "Luz". Dios interactúa con el mundo y el mundo interactúa con Él, a través de la intervención de la *Or Iashar* (Luz Directa) y de la *Or Jozer* (Luz Reflejada). Como explica el Ari, Dios nos envía Su abundancia directa para sustentarnos, permitiendo que vivamos y realicemos buenas acciones. De manera recíproca, nuestras buenas acciones Le dan a Dios un cierto placer. Al igual que un padre cariñoso, Dios Se regocija cuando Sus hijos "crecen" y se vuelven capaces de emularlo a Él. Éste es el *najat* (placer) que Él recibe de todas las mitzvot que hacemos. Cuando tratamos de imitar a Dios, ello se considera como si Le estuviésemos dando algo en retorno a Él.

Iesod es la "estación repetidora" para estos dos tipos de Luz. En una dirección, esta Sefirá recoge la energía y la abundancia de las Sefirot superiores y la transfiere a Maljut, desde donde es canalizada hacia este mundo. En la otra dirección, recibe de Maljut las ofrendas de las creaciones de Dios y las envía de retorno hacia Arriba. (Por lo tanto, se dice que Maljut es la "pareja" de Iesod).

Iesod representa uno de los placeres humanos más grandes, aquél que toca los niveles más profundos de la psique. El placer puede ser bueno o malo, y puede llevar hacia cualquiera de las dos direcciones. Nuestro nivel personal de Iesod puede en verdad ser de santidad y llevarnos a buscar niveles más grandes de Divinidad, o bien puede ser dirigido hacia búsquedas sexuales absurdas que nos apartan de la espiritualidad.[16]

El Zohar enseña que la persona que tiene pureza moral recibe el nombre de Tzadik (*Zohar* I, 59b). Iesod también está conectado con el Tzadik en el versículo (Proverbios 10:25), "El Tzadik es el *iesod* (fundamento) del mundo". El Tzadik representa el nivel más elevado de pureza moral, mediante lo cual ayuda a mantener al mundo moralmente recto, enseñándoles a los demás acerca de Dios, y llevando el mensaje de Dios a la humanidad. La energía de Iesod lo eleva más allá de sus deseos materiales al punto en que alcanza sus objetivos y, al hacerlo, trae alegría y placer a Dios.

Esta Sefirá también puede ayudarnos a desarrollar nuestro potencial, dependiendo del grado de nuestro compromiso con los valores morales. Al igual que el cimiento sobre el cual se mantiene un edificio, la moral es el fundamento sobre el cual se apoya todo lo que buscamos construir y lograr en la vida. Si nuestra moral es recta, nuestra construcción será firme y segura. Si nuestros valores son corruptos, el edificio estará torcido y lleno de fallas.

Es interesante notar que usualmente un edificio se construyedesde_la base hacia arriba, de modo que Iesod debería

---

[16] Ver *Innerspace*, p.69.

ser la primera Sefirá, sobre la cual deberían descansar los subsecuentes esfuerzos para concretar nuestro potencial. Sin embargo, Keter (la voluntad y el propósito) es el primer paso. Recién luego de un largo proceso llegamos al fundamento, a Iesod. (Más aún, nuestros esfuerzos sólo llegan a su plenitud cuando accedemos a Maljut). Entonces, ¿qué clase de "fundamento" es éste?

La estructura de las Sefirot, tanto en el orden tradicional como en el orden de tres columnas, alude a la respuesta: Iesod se encuentra en la base para recibir todas las energías que son transmitidas desde arriba. Cada energía, comenzando en la cúspide, en Keter, debe descender hasta Iesod antes de que pueda ser beneficiosa para el hombre. De la misma manera, cada una de nuestras acciones refleja la estructura de nuestras vidas. Si somos personas morales y rectas, entonces las energías serán apropiadamente recibidas y dirigidas. Si elegimos dañar el fundamento con pensamientos o comportamientos inmorales, entonces toda esa energía se desperdicia, Dios no lo permita. Si no hay cimientos sobre los cuales afirmarse, todo va hacia las fuerzas del Otro Lado, a nuestra oposición, produciendo desafíos y obstáculos que nos impiden crear una vida más plena y satisfecha.

Es así que Iesod, un fundamento sólido, se basa en una vida lo más libre posible de pecado. Si una casa tiene cimientos sólidos, no hay temor de que pueda derrumbarse. Aquél que camina sobre tierra "firme" no teme caer. Al construir un fuerte fundamento moral, hacemos que nuestras vidas se apoyen sobre algo sólido. Y eso implica mantener las cosas juntas, y no vivir una "vida disipada".

En las enseñanzas del Rebe Najmán, el Tzadik ejemplifica la moralidad y la Divinidad absoluta. Al describir el poder y los logros del Tzadik, el Rebe Najmán nos muestra cómo también nosotros podemos desarrollar nuestro propio potencial hasta sus niveles más grandes. Comencemos con un vistazo al Futuro:

> Cada buena acción que hace la persona se transforma en una lámpara. [Luego de fallecer, aquéllos que realizaron buenas acciones] tienen lámparas que están encendidas

un breve lapso, y mientras están encendidas, pueden usarlas para explorar los tesoros del Rey. Pero entonces las lámparas se apagan y ya no pueden buscar más. Algunos tienen muchas buenas acciones que permanecen encendidas durante más tiempo. Estas personas tienen por lo tanto más tiempo para sondear los tesoros celestiales. Otros pueden tener lámparas que brillen durante todo un día o más aún. Pero hay una persona que posee las lámparas más maravillosas de todas, que nunca se apagan, sino que brillan por siempre. El dueño de estas lámparas puede profundizar en los tesoros del Rey tanto como lo desee (*Likutey Moharán* I, 235).

Luego de relatar esta lección, el Rebe Najmán comentó:

A partir de esto podemos comprender que incluso un simple hombre religioso puede llegar a explorar los tesoros del Rey, pero sólo durante un lapso, el cual está determinado por sus buenas acciones. E incluso éste es por cierto un maravilloso privilegio. Es posible encontrar fantásticos tesoros en ese lapso tan breve y disfrutarlos para siempre en el Mundo Futuro. Tu vida futura está determinada por aquello que encuentres durante el tiempo de exploración. Si, gracias a la luz de las buenas acciones, uno tiene el mérito de disponer de más tiempo, podrá descubrir entonces más cosas en el tesoro del Rey. Todo depende del tiempo durante el cual brille la lámpara. La luz del gran Tzadik nunca se apaga y su exploración de los tesoros del Rey puede ser eterna (*Sabiduría y Enseñanzas del Rabí Najmán de Breslov* #134).

El Tzadik no vive para sí mismo ni para su propia gloria, sino para servir a Dios y acercar a los demás a Él. Sus "lámparas" están plenas del estudio de la Torá, de plegarias y de buenas acciones, las cuales posee en abundancia. Él ayuda a los demás a comprender que todos tienen un propósito en la vida y que hay recompensas para nuestros esfuerzos, no importa cuán infinitesimales parezcan ser. El Tzadik siempre alienta a las personas a establecer objetivos y perseguirlos, tal cual está ilustrado en esta historia:

Escuché de otros que el Rebe afirmó cierta vez: En Jerusalén hay una sinagoga a la cual son llevados todos los muertos. No bien alguien fallece en este mundo, es llevado allí para ser juzgado y determinar cuál debería ser su lugar. Es en esta sinagoga donde sesiona la corte que determina estos juicios y ubica a cada persona en el lugar que se merece.

Cuando se lleva a los muertos allí, llegan vestidos.[17]

A veces las ropas de las personas fallecidas carecen de algo. A una persona puede faltarle una manga; a otra, una parte del borde de su vestimenta, y así en más. Todo depende de las acciones de las personas en vida (pues las vestimentas luego de la muerte corresponden a sus acciones). El veredicto depende de las ropas que tienen cuando son llevadas allí, y su lugar se determina de acuerdo con ello.

Cierta vez una persona muerta fue llevada allí completamente desnuda. No tenía ninguna vestimenta en absoluto. El veredicto fue que debía ser arrojada a la "honda"[18] y destruida, Dios no lo permita, pues estaba completamente desnuda. Sin embargo, vino cierto Tzadik que tomó una de sus propias ropas y se la arrojó a la persona.

La corte le preguntó, "¿Por qué le estás dando una de tus propias vestimentas?". La corte no estaba de acuerdo con esto pues, ¿por qué se le debía dar una vestimenta al muerto y permitirle salvarse con ropas que no eran suyas? El Tzadik respondió: "Yo he enviado a este hombre en una misión, y por esta razón puedo vestirlo con mi propia ropa". Es así como el Tzadik salvó al hombre muerto de la amarga pena de la "honda".

El Rebe contó esta historia para mostrar el tremendo poder

---

[17] Ambas, las "lámparas" mencionadas más arriba y las "vestimentas" mencionadas aquí hacen referencia al estudio de la Torá, a la plegaria y a las buenas acciones (*Sabiduría y Enseñanzas del Rabí Najmán de Breslov* #23).

[18] Castigo del Mundo que Viene conocido como el *kaf hakela* (la honda), porque el alma es arrojada de un lugar a otro durante un período de tiempo hasta que es redimida; luego puede ir al *Guehinom* o ser reencarnada.

del verdadero Tzadik para salvar a sus seguidores en el Mundo de la Verdad (*Tzadik* #228).

Cada persona realiza algunas buenas acciones en este mundo; algunos realizan muchas. Cada uno tiene su Recompensa Futura que le aguarda, además de los tesoros adicionales que puede buscar en la tesorería del Rey. Pero como hemos visto, el Tzadik tiene "lámparas" que arden por siempre. Si el Tzadik puede darle una lámpara o una vestimenta a aquél que está desnudo y no se lo merece, de seguro puede compartir la luz de estas lámparas con aquéllos que están unidos a él y trabajan arduamente para alcanzar sus objetivos. Aquél que se acerca al Tzadik, aprendiendo de él cómo hacer las cosas de la manera correcta y cómo servir a Dios de forma altruista, cosecha recompensas mucho más grandes que aquéllas obtenidas gracias a su propios esfuerzos.

EL PRÍNCIPE PAVO

El Tzadik no sólo puede ayudar a la persona a prepararse para el Mundo que Viene, sino que también está disponible para trabajar con ella en este mundo, guiándola y alentándola a que desarrolle su potencial. El Rebe Najmán ilustra esta relación en su famosa parábola, "El Príncipe Pavo":

> Un príncipe había enloquecido y pensaba que era un pavo. Se sentía compelido a sentarse desnudo bajo la mesa y picotear huesos y trozos de pan, tal como un pavo. Los médicos de la corte habían perdido la esperanza de curarlo de su locura y el rey sufría tremendamente.

> Vino entonces un sabio y dijo, "Yo lo curaré".

> El sabio se quitó todas sus prendas de vestir y se sentó desnudo bajo la mesa, junto al príncipe, comenzando también a picotear migajas y huesos. "¿Quién eres?" le preguntó el príncipe. "¿Qué estás haciendo aquí?".

> "¿Y tú?" respondió el sabio. "¿Qué estás haciendo aquí?".

"Yo soy un pavo", dijo el príncipe.

"Yo también soy un pavo", respondió el sabio.

De manera que se sentaron uno junto al otro durante un tiempo, hasta que se hicieron buenos amigos. Un día, el sabio les hizo una señal a los sirvientes del rey para que le arrojasen unas camisas. Le dijo entonces al príncipe, "¿Qué te hace pensar que un pavo no puede usar una camisa? Puedes usar una camisa y seguir siendo un pavo". Y diciendo eso, los dos se colocaron las camisas.

Luego de un tiempo, el sabio hizo otra señal y le arrojaron un par de pantalones. Y tal como anteriormente, le dijo, "¿Qué te hace pensar que no puedes ser un pavo si usas pantalones?".

El sabio continuó de esta manera hasta que ambos estuvieron completamente vestidos. Hizo nuevamente una señal y les bajaron comida de la mesa. Otra vez le dijo el sabio, "¿Qué te hace pensar que dejarás de ser un pavo si comes buena comida? ¡Puedes comer lo que quieras y aun así seguir siendo un pavo!". Ambos comieron esa comida.

Finalmente el sabio le dijo, "¿Qué te hace pensar que un pavo debe sentarse debajo de la mesa? Un pavo también puede sentarse a la mesa".

Y así continuó el sabio hasta que el príncipe se curó por completo (*Los Cuentos del Rabí Najmán, Parábolas #25*).

Lo mismo sucede con nosotros. Somos seres humanos muy importantes, príncipes y princesas con un enorme potencial. Pero generalmente optamos por el camino"fácil"y actuamos como pavos. Pero los Tzadikim, quienes conocen nuestro potencial, no pierden la esperanza en nosotros. Aunque ellos viven en un plano muy elevado, están dispuestos a descender a nuestro nivel y estar con nosotros, compartiendo sus ideas y éxitos e implantando sus enseñanzas en nuestros corazones. Siguiendo su consejo, podremos reclamar nuestra prominencia y realeza originales.

Una Vida Moral

El Rebe Najmán enseña que todos pueden llegar a ser Tzadikim, incluso si no son eruditos. La erudición es necesaria para alcanzar percepciones profundas de Divinidad, pero incluso una persona simple puede lograr el nivel de un hombre recto (*Sabiduría y Enseñanzas del Rabí Najmán de Breslov* #76). Esto se debe a que el nivel del Tzadik, Iesod, depende de vivir una vida moral, y no de qué o a quién conozca.

La definición del Rebe Najmán de la moralidad implica vivir una vida moral en todas las áreas, incluyendo las transacciones financieras y las relaciones sexuales. El Rebe habla de cuidar la mente evitando todo pensamiento lujurioso y de guardar la boca evitando hablar de manera impropia (ver *Likutey Moharán* I, 29). El nombre dado a estas actividades es shmirat habrit (cuidar el pacto). Este pacto se refiere al *brit milá* (pacto de la circuncisión), que fue promulgado entre Dios y Abraham y, por extensión, entre Dios y todos los descendientes de Abraham (ver Génesis 17). En la Kabalá y en los escritos del Rebe Najmán, este pacto se refiere principalmente a la pureza sexual.

Guardar el pacto significa cuidar el brit (es decir, el órgano reproductor masculino), manteniéndolo libre de todo pecado. Uno debe contraer matrimonio y procrear, pero abstenerse de las relaciones extramaritales y de la homosexualidad; otros daños incluyen casamientos ilegales (aquellos proscritos por la ley de la Torá). Un error común es pensar que no existe nada malo con la masturbación. Aunque este acto no se encuentra dentro de las 365 prohibiciones de la Torá, es considerado como la más grave de todas las transgresiones del pacto (*Even Haezer* 23:1). (Ver más adelante para un tratamiento de cómo es posible rectificar todas estas transgresiones).

El Rebe Najmán ofrece varias herramientas con las cuales es posible alcanzar la moralidad y guardar el pacto. Enseña:

> La moralidad y la humildad están interconectadas. El verdadero honor le pertenece a la persona que ha guardado

el pacto. Uno no puede ser puro si es arrogante. No puede ser humilde si daña el pacto (*Likutey Moharán* I, 11:2-3). Por otro lado, la inmoralidad le trae vergüenza y deshonra a la persona (*Likutey Moharán* I, 38:5).

Hemos visto que Keter, la primera de las Sefirot, representa la humildad. Si el primer impulso de la persona (su voluntad, es decir, Keter) es hacia pensamientos buenos, hacia buenas acciones y resultados positivos, entonces esa energía, que en última instancia emerge en Iesod, dará resultados beneficiosos. Si la persona es arrogante, la energía que desciende se corrompe. También sucede lo contrario. Si el instinto principal de la persona está unido con un pensamiento positivo, pero más tarde utiliza esa energía para dañar su pacto, esta inmoralidad corromperá su humildad. Se volverá arrogante, lo cual la llevará a la degradación y a la vergüenza. Así, la primera herramienta para guardar el pacto y para una vida moral es la humildad.

Una segunda herramienta es el hablar no adulterado. "La moralidad y el hablar puro dependen uno del otro" (*Likutey Moharán* I, 19:3). El "hablar puro" significa decir palabras de aliento (Jesed), corregir al otro de manera constructiva (Guevurá), decir la verdad (Tiferet) y manifestar sentimientos magnánimos y de simpatía hacia los demás (Netzaj y Hod). El hablar puro también evita las habladurías, la calumnia, la falsedad, la adulación y las palabras vanas. Las ventajas de un hablar puro pueden ser vistas en la Luz Reflejada que Maljut (que representa la boca) retorna hacia Arriba, porque un hablar puro generará una enorme energía para retornar aquello que le ha sido dado.

Una tercera herramienta es mantenernos centrados en lo que tenemos, y no en lo que queremos. Lo primero nos ayuda a mantener la moralidad; lo último nos extravía del camino. El Rebe Najmán explica: "La avaricia y la inmoralidad están interconectadas. Dañar el pacto hace que la persona descienda a la ciénaga de la avaricia, donde no puede ver su camino más allá de su búsqueda material"(*Likutey Moharán* I, 23:2-3). Aquel que constantemente busca satisfacciones físicas tampoco podrá tener suficiente riqueza material. Por supuesto, todos queremos una buena vida. Pero debemos aprender a ser felices y a regocijarnos con lo que ya hemos logrado para poder, de esa manera, mantenernos centrados en aquello que deseamos.[19] Al permitir que pensamientos y acciones inmorales se hagan cargo de nuestras vidas, nos hacemos esclavos de nuestras pasiones.

Para alcanzar la moralidad, también necesitamos de la plegaria. Pero no podemos lograr una plegaria verdadera y directa si no es guardando el pacto. La manera de resolver este dilema es ejerciendo justicia (*Likutey Moharán* I, 2:2-4). "Ejercer justicia" hace referencia a Mishpat, tal como fue definido más arriba (Cap. 8, nota 17). La verdadera justicia se logra cuando uno controla las energías opuestas y las une de manera armoniosa; esto también representa la decisión moral de hacer lo correcto. Podemos ver la justicia en acción cuando equilibramos las energías opuestas de Jesed (el lado derecho) y de Guevurá (el lado izquierdo) en la columna del centro, Tiferet. La energía de Tiferet desciende entonces a través de Netzaj y Hod, armonizando nuevamente en la columna del centro, en Iesod. Tomar las decisiones justas es la garantía para vivir una vida moral, energizando el pacto con abundancia para entregar a Maljut.

Una verdadera vida moral no surge de la noche a la mañana. Debemos combatir muchas tentaciones y desafíos que nos llevan a controlar nuestro comportamiento y nuestras conversaciones y ni hablar de los pensamientos y de las cosas que vemos, que nos fuerzan a "ajustar las riendas" constantemente. Pero cuanto más trabajamos sobre nosotros mismos, más reforzamos nuestra moralidad, hasta que finalmente logramos una perspectiva pura de la vida y de su significado.

El Rebe Najmán compara a la persona con una marmita llena perfectamente limpia. Sin embargo, cuando la marmita es de agua que parece puesta sobre el fuego y comienza a hervir, todas las impurezas del agua se elevan hacia la superficie, de donde debemos espumarlas. El "agua limpia" original era meramente una ilusión que se revela como tal al ser expuesta al "calor" de los desafíos

---

[19] Es por esto que Netzaj y Hod son los canales a través de los cuales la energía llega a Iesod, tal cual se explicó en el capítulo anterior.

y de las frustraciones. De la misma manera, antes de que la persona se embarque en la búsqueda de objetivos positivos, el bien y el mal están completamente mezclados dentro de ella. Las impurezas están tan unidas con el bien que son irreconocibles. Pero cuando uno hace el esfuerzo de mejorar y de acercarse a los verdaderos Tzadikim, enciende los fuegos de la purificación que sacan a la superficie y revelan su comportamiento errante y su enfoque equivocado. Entonces puede espumar la basura y las impurezas, y quedar verdaderamente puro y limpio (*Sabiduría y Enseñanzas del Rabí Najmán de Breslov* #79).

Muchas son las recompensas para la moralidad. El Rebe Najmán enumera:

> La moralidad trae compasión, fe y sustento (*Likutey Moharán* I, 31:9).

> La moralidad trae paz (*Ibid.*, 27).

> Aquel que alcanza la moralidad puede «ver» a Dios, como en (Job 19:26), "Desde mi carne contemplo a Dios" (*Likutey Moharán* I, 22:5).

> La moralidad le da a la persona la capacidad de traer las bendiciones de Dios de una manera abundante (*Ibid.*, 36).

> Cuanto más grande es el grado de moralidad, más se extiende su beneficio a los hijos (Ibid., 39)

EL TESORO

Cada persona puede alcanzar elevados niveles de moralidad, si así lo desea. Cada persona posee preciosos tesoros enterrados muy profundamente dentro de su propia psique; lo único que necesita es ayuda para desenterrarlos. Aquí es donde sus anhelos pueden unirse con la grandeza del Tzadik para sacar a luz su potencial. El Rebe Najmán ilustra esta idea con una parábola:

> Cierta vez un hombre soñó que había un gran tesoro enterrado bajo un puente en Viena. De modo que viajó hasta

Viena y se acercó al puente, pensando qué podía hacer, pues no se animaba a buscar el tesoro de día debido a la mucha gente que por allí pasaba.

Un oficial se detuvo junto a él y le preguntó, "¿Qué estás haciendo aquí parado tan contemplativo?". El hombre decidió que lo mejor era contarle toda la historia y pedirle ayuda, esperando que el oficial compartiese con él ese tesoro. Entonces le contó toda la historia.

El oficial le dijo, "¡Al judío sólo le importan los sueños! Yo también tuve un sueño y yo también vi un tesoro. Estaba en una pequeña casa, debajo del sótano".

Al relatar su sueño, el oficial describió con todo detalle la ciudad del hombre y su casa. Este corrió entonces de vuelta a su hogar, cavó debajo del sótano y encontró el tesoro. "Ahora sé que siempre tuve el tesoro", se dijo. "Pero tuve viajar hasta Viena para poder encontrarlo".

El Rebe Najmán dice que lo mismo sucede con nosotros cuando queremos concretar nuestros objetivos. Cada persona tiene el "tesoro", el potencial para ir muy lejos y alcanzar grandes niveles. Pero para poder concretizarlo, debe viajar al Tzadik. Porque el Tzadik vive una vida moral y plena, y es capaz de guiar a cada persona hacia el desarrollo de sus propios tesoros.

Tikún Haklalí

Los beneficios de la moralidad son obvios. Pero aun así es muy fácil dañar el pacto y generar una cantidad de consecuencias negativas. Estas incluyen:

Dañar el pacto puede dañar y envenenar el aire que respira la persona, al punto en que puede afectar negativamente a aquellos que la rodean (*Likutey Moharán* I, 43).

La inmoralidad construye una fe y una confianza falsas (*Ibid.*, 60:8).

La inmoralidad es igual al robo y al hurto (*Ibid.*, 69).

Sin embargo, aunque la persona ya haya sucumbido, aún no todo está perdido. En una enseñanza totalmente original y beneficiosa, el Rebe Najmán revela la existencia de un remedio espiritual que puede expiar verdaderamente el peor de los pecados al tiempo que permite que el penitente retorne al sendero correcto. Basándose en la descripción Kabalista de Iesod como una Sefirá *Klalit* (una Sefirá Abarcadora, dado que todas las energías de los niveles superiores deben en algún momento entrar a Iesod), el Rebe Najmán reveló un *Tikún HaKlalí* (un Remedio General, o Abarcador) que puede ayudar a que la persona se salve de la ciénaga que ha creado para sí misma al dañar su pacto (*Likutey Moharán* I, 29).

Para explicar cómo funciona el *Tikún HaKlalí*, el Rebe utiliza como ejemplo la circulación sanguínea del cuerpo humano. El corazón bombea sangre, rica en oxígeno, hacia la aorta, la cual se ramifica en arterias secundarias que alimentan los órganos y tejidos del cuerpo. Al alejarse del corazón, las arterias se vuelven cada vez más pequeñas hasta que se transforman en capilares que entregan el oxígeno y los nutrientes directamente a cada célula. Al mismo tiempo, retiran de las células el dióxido de carbono y los productos de desecho. Al dejar las células, los capilares van creciendo cada vez más hasta que se transforman en venas, que devuelven al corazón la sangre pobre en oxígeno. Todo el sistema depende del corazón, la bomba que envía la sangre a las partes más remotas y pequeñas del cuerpo, para asegurar la buena salud. Cualquier mal funcionamiento de los niveles más bajos del sistema por lo general puede deberse a un flujo de sangre debilitado o bloqueado, procedente del corazón.

De manera similar, en el ámbito espiritual, una transgresión, tanto mayor como menor puede rectificarse retornando a la fuente de la ley o de la mitzvá que fue transgredida, e invocando la energía para "bombear" las rectificaciones necesarias a las "extremidades" de nuestro comportamiento. El *Tikún HaKlalí* va hasta la raíz de la mitzvá y la rectifica en su fuente. Toda ramificación de la mitzvá puede ser entonces corregida mediante la *Teshuvá* (arrepentimiento).

Consideremos algunos ejemplos. Si alguien comete irregularidades financieras, tales como engañar con el vuelto, puede expiar físicamente su error devolviéndoles el dinero a los clientes y puede rectificar espiritualmente su error dando caridad, que es también un acto financiero. La caridad sirve así como un "remedio general" para todo error financiero o transacción ilegal que pueda haberse cometido. (Por supuesto, no es posible cometer "errores financieros" de manera intencional y esperar que al dar caridad esto sea reparado).

Otro ejemplo citado por el Rebe Najmán es el mal hablar. El mal hablar hiere a mucha gente. ¿Cómo puede uno retractarse de sus palabras? No puede, pero sí puede invocar un "remedio general" del habla, alabando a Dios y a los Tzadikim. El buen hablar, que contiene buenos mensajes y transmite intenciones honestas puede rectificar en su raíz al mal hablar.

El *Tikún HaKlalí* es totalmente efectivo en el área de las transgresiones sexuales, dado que son muchas las consecuencias de estos pecados. El pensamiento lujurioso, el guiño lascivo, el coqueteo y el lenguaje corporal sugerente son algunas de las repercusiones "menores" de un daño en el Iesod. ¡Cuánto más devastadores son los gravísimos pecados de cohabitación ilegal y de emisión en vano de semen! En este último caso, de acuerdo con los Kabalistas, las chispas de santidad afectadas son desterradas a los ámbitos del Otro Lado. Sin una rectificación activa, puede llevar miles de años reparar esas chispas.

El Rebe Najmán enseña que el proceso de rectificación comienza en la mente. Cuando la persona decide en su mente reparar un daño, trae energías directamente desde la fuente. Todos los daños sexuales están enraizados en la mente, dado que el proceso del pensamiento lleva eventualmente a la acción.

El segundo paso es el recitado de diez Salmos específicos, en este orden: Salmos 16, 32, 41, 42, 59, 77, 90, 105, 137,150.

El Rebe Najmán explica en varias lecciones por qué es efectivo el recitado de estos Diez Salmos (ver *Likutey Moharán* I, 29, 205; *Likutey Moharán* II, 92). Está más allá del objetivo de este libro explicar dichas razones, pero podemos ofrecer esta idea: El poder de los Salmos proviene de las Diez Clases de Canciones, que son un paralelo de las Diez Sefirot (ver *Tikuney Zohar* #13, *Pesajim* 117a). En la Kabalá, la canción es un paralelo de los niveles más elevados, que en nuestro análisis se refiere a la mente (los Mojín, las Sefirot superiores). Cuando "cantamos" y alabamos a Dios, traemos el poder de los niveles más elevados hacia los niveles inferiores, atrayendo la energía necesaria para rectificar nuestros daños.[20]

El Rebe Najmán ofrece maneras adicionales para rectificar los pecados sexuales. Una es dar caridad. Cuando la persona daña su pacto, desperdicia su simiente, su abundancia. Al dar caridad, remite el sustento "desperdiciado" hacia causas dignas, fortaleciendo el ámbito de la santidad (*Likutey Moharán* I, 264).

Otra manera de rectificar este daño particular de Iesod es acercar a otras personas a Dios. La simiente desperdiciada, que representa valiosas chispas de santidad perdidas en el Otro Lado, es llamada *KeRI* en hebreo. Al acercar a Dios a aquéllos que están lejos de Él recobramos esas preciosas *(IaKaR)* chispas y las hacemos retornar al ámbito de la santidad (*Likutey Moharán* I, 14:final).

En conjunto, el recitado del *Tikún HaKlalí*, los pensamientos de arrepentimiento y el dar caridad, pueden mitigar hasta el más grave de los pecados y pueden hacer retornar a la persona a la senda de la virtud moral. Al desbloquear las energías que estaban obstruidas debido al daño del brit, la persona puede volver a abrirse para recibir y transmitir de manera positiva las energías de las Sefirot superiores, colocando nuevamente sus objetivos sobre una base firme.

---

[20] Ver *El Tikún del Rabí Najmán*, publicado por el Breslov Research Institute

1

MALJUT
La Luz de la Fe y de la Plegaria

Maljut se traduce como "reinado" e implica autoridad, similar a la del monarca que ejerce poder sobre su dominio. En un sentido más profundo, Maljut representa la Autoridad de Dios. Como se mencionó anteriormente (Parte III, capítulo 1), Maljut es el recipiente que manifiesta la Luz de Keter. La Luz de Dios se origina en un nivel tan elevado que somos incapaces de acceder a ella; por eso debe ser filtrada a través de las Diez Sefirot hasta que llega a Maljut, desde donde puede brillar sobre nosotros y nuestro mundo.

Al dominar todas las energías que descienden hasta llegar a Maljut, podemos obtener el derecho a la autoridad. Podemos volvernos una autoridad en nuestro campo. Podemos ser una autoridad para otros. A través de Maljut, podemos aprender a controlarnos y a utilizar el poder de manera beneficiosa para nosotros, para nuestros vecinos y para nuestras comunidades. Aunque en general el poder corrompe a aquéllos que lo ejercen, el hecho de haber fundado nuestros esfuerzos sobre la base moral de Iesod (ver capítulo anterior) nos ayuda a actuar con una energía controlada y no en base a un capricho dictatorial.

Conceptualmente, Maljut representa la boca. Es la boca la

que emite los edictos del Rey. Más aun, así como la persona revela sus pensamientos más profundos cuando los expresa en voz alta, Maljut representa la revelación de Dios y de Su Reinado. Cuando realizamos actos que evocan el Maljut de Dios (tal como el recitado del Shemá, que el Talmud explica que es *kabalat ol Maljut Shamaim*, "aceptar el yugo del Reinado del Cielo"), traemos a nuestras vidas la energía de Maljut (control y poder). Como enseña el Rebe Najmán, "Todo lo que hacemos - orar, estudiar Torá, cumplir con las mitzvot, comer, ganarnos el sustento y mucho más - tiene como objetivo fundamental revelar el reinado de Dios" (*Likutey Moharán* I, 77).

Se dice que Maljut corresponde también a la pareja. Nadie puede alcanzar sus objetivos por sí mismo. Toda la vida es una serie de relaciones de dar y recibir que unifican al benefactor con el beneficiario (ver Parte II, capítulo 3, Paralelos en el Hombre). Así como marido y mujer se unen para producir el nacimiento de un hijo, de la misma manera las energías superiores (el benefactor) se unen con Maljut (el beneficiario) para "dar nacimiento" a nuestras ideas y a nuestro potencial.

Podemos acceder a esta Sefirá y liberar su energía en nuestras vidas mediante dos poderosas herramientas: la fe y la plegaria.

La Fe

La fe es un componente clave de Maljut. Sin fe, incluyendo la fe en nosotros mismos (ver Parte III, capítulo 6), nunca podría materializarse nuestra capacidad de hacer y de lograr. La fe es la clave para ganar el control de nuestras vidas; con ella podemos tomar decisiones y llevarlas a cabo con un sentimiento de responsabilidad. La fe también construye nuestro Maljut, ayudándonos a ganar control sobre nuestros objetivos y llevarlos a su plenitud.

La fe es la idea más citada por el Rebe Najmán. Mediante estas enseñanzas podemos comenzar a integrar la fe en nuestras vidas y desarrollar hasta su plenitud nuestro "Maljut potencial". En alusión a la estructura de las Sefirot a través de las cuales hemos ido pasando, paso a paso desde Keter hasta Maljut, el Rebe Najmán observa: "Mediante la fe puedes elevarte a todos los niveles y alcanzar el Deseo y la Voluntad, que se encuentran por sobre todo lo demás" (*Tzadik #564*).

> El Talmud enseña que el profeta Habakuk incluyó todos los mandamientos de la Torá en un solo principio (Habakuk 2:4): "El hombre recto vivirá por su fe". La fe es el fundamento y la raíz de toda la Torá y la devoción. La fe debe ser clara y pura. La fe es el canal para todo beneficio y bendición (*Sabiduría y Enseñanzas del Rabí Najmán de Breslov #261*).

Cuando la fe es pura, las bendiciones recibidas a través de ella son puras. Experimentamos bendiciones, encontramos satisfacción y plenitud, y nos sentimos cómodos con nosotros mismos y con nuestros logros. Dijo el Rebe cierta vez, "La fe pura, sin ningún tipo de sofisticación o prueba, es una luz que brilla durante la noche" (*Sabiduría y Enseñanzas del Rabí Najmán de Breslov #106*). El día sugiere conocimiento (por ejemplo, "claro como el día"). La noche sugiere una falta de conocimiento, oscuridad, confusión y preguntas que desafían a la persona que no tiene una visión clara. Sin una fe pura, podemos confundirnos al punto de mezclar los medios con el objetivo. Manteniéndonos fuertes en la fe, merecemos una fuerte y clara luz, incluso en momentos de confusión.

> La fe sólo se aplica a algo que no podemos comprender en forma lógica. Sin embargo, con una fe perfecta ello se nos revela como si lo estuviésemos viendo con nuestros propios ojos (*Likutey Moharán* I, 62:5).

Es decir, en lugar de "ver para creer", el Rebe Najmán enseña que "¡creer es ver!". La fe se transforma en los "ojos" de la persona llevándola a concretar sus objetivos. Mientras se mantenga centrada en su objetivo, y aunque no lo logre de inmediato, continúa "fiel" a su meta. La persona "ve" con claridad su objetivo, aunque éste no se encuentra todavía a su alcance.

Debe mencionarse que la fe no puede representar un sentimiento pleno de logro. Ello requiere conocimiento, mientras que la fe es un medio que nos dirige hacia el conocimiento. Sin embargo, cuando tenemos fe comprendemos que nuestros logros tienen un gran valor y podemos apreciar el grado de éxito que hemos alcanzado. Sabemos que estamos "en el camino" hacia logros más grandes, un reflejo de nuestra fe en nosotros mismos.

> Si tienes fe, tu vida es una vida verdadera. Cuando tienes fe, cada día está pleno de vida. Cuando las cosas van bien, ciertamente es algo bueno. Pero cuando tienes problemas, también eso es bueno. Pues tú sabes que Dios tendrá piedad y al final todo será para bien. Todo debe ser bueno, ya que todo proviene de Dios. Un hombre sin fe no vive realmente. Cuando le sobreviene el mal, pierde toda la esperanza. No hay nada que lo alegre o lo reconforte, pues no tiene fe. Se encuentra fuera de la providencia de Dios y no posee bien alguno. Pero si tienes fe, tu vida será buena y agradable (*Sabiduría y Enseñanzas del Rabí Najmán de Breslov* #53).

Una de las mejores maneras de desarrollar la fe es simplemente hablar sobre ella y declararla continuamente. Dice el rey David (Salmos 89:2), "Haré conocer Tu fe con mi boca". El Rebe Najmán explica que el primer paso es afirmar nuestra fe en forma verbal, articulándola de varias maneras. Siempre podemos tomarnos un momento y decir, "¡Yo creo en Dios!". "¡Yo creo que Tú creaste todo el universo!". "¡Yo creo que Tú gobiernas el mundo y todo lo que hay en él mediante Tu Providencia Divina!" (*Likutey Moharán* II, 44). Hay muchas maneras de expresar la fe; cuanto más lo hacemos, más la cultivamos. Esta idea también se aplica a la construcción de la fe en uno mismo. La persona que siempre se dice, "Yo creo que puedo lograrlo", ciertamente alcanzará sus objetivos.

En la misma lección sobre la fe, el Rebe Najmán nos advierte que no debemos usar palabras de ateísmo o de burla al hablar de Dios (*Ibid.*). La articulación de palabras ateas puede alejar a la persona por completo de la fe. Como el alcohólico que siempre huele a alcohol en su aliento, o el fumador empedernido que exhala el olor del tabaco, la persona que dice cosas ateas apestará a ateísmo. También sucede lo contrario: la persona que habla de la fe, exhala fe.

La fe es en verdad parte de nuestra estructura básica. El Rabí Natán escribe que prácticamente todo en este mundo está conectado de alguna manera con la fe. Por ejemplo, si no hubiera fe, nadie podría hacer negocios. El tendero siempre sospecharía del cliente, pensando que lo está robando, y el cliente nunca estaría seguro de que pagó un precio justo. Si alguien quiere hacer negocios en otro país, debe encontrar un agente en el cual confiar para que compre o venda en su representción. Sin la fe, la economía global se desmoronaría.

Todas las relaciones se basan en la fe. Padres e hijos, marido y mujer, amigos, vecinos y comunidades enteras deben tener alguna base de confianza antes de comprometerse el uno con el otro. Una vez que comprendemos cuán integral es la fe en nuestras vidas, podemos comenzar a desarrollarla y a cultivarla (ver *Likutey Halajot, Guiluaj* 4:2-3).

La honestidad es otro requisito para la fe. Hablando de manera Kabalista, Tiferet (la verdad y la honestidad) es la columna central que combina las energías opuestas de los lados derecho e izquierdo (ver Parte III, capítulo 4). Lo mismo ocurre con respecto a Iesod. Todas estas energías combinadas se filtran hacia Maljut. El Rebe Najmán explica que de esta manera, la transferencia de la verdad, de la honestidad y de la integridad se traduce en la necesidad de ser honestos en nuestra fe sin adornar nuestras percepciones, y de asegurarnos de que nuestras creencias se encuentran en áreas que son verdaderas y honestas (*Likutey Moharán* I, 7:2-3). No sirve de nada aplicar nuestra fe en falsas esperanzas o en metas que no son verdaderas. Por el contrario, ser honestos sobre nuestras capacidades y objetivos puede elevar nuestra fe hacia grandes niveles.

El Rebe Najmán le daba mucha importancia a la fe en los Tzadikim. Podemos fácilmente comprender esto, porque Maljut (la fe) es la "pareja" de Iesod (el Tzadik). Dice el Rebe Najmán:

"Hemos recibido la Torá a través de Moshé, nuestro maestro, y ella nos ha sido transmitida, generación tras generación, por intermedio de numerosos Tzadikim, plenos de temor y respeto (ver Avot 1:1). No cabe duda alguna de su integridad y en ellos se puede confiar sin dudas. Lo único que uno debe hacer es seguir sus huellas, creer en Dios con simplicidad e inocencia y guardar los mandamientos de la Torá tal como nos ha sido enseñada por nuestros santos antepasados" (*Sabiduría y Enseñanzas del Rabí Najmán de Breslov* #32).

Toda fe debe estar unida con la fe en Dios, no sea que comencemos a pensar en nosotros mismos como seres todopoderosos en control de nuestros propios destinos.

> Podemos creer en Dios como la Causa Primordial de todo. Pero en la práctica, ponemos nuestra confianza en los medios. Por ejemplo, creemos que nuestro sustento depende totalmente de nuestras actividades comerciales y de la energía que ponemos en ellas como si, sin ello, Dios no tuviera ningún otro medio de proveernos el sustento. En efecto, creemos que nuestras actividades comerciales son la fuente de nuestro sustento y no sólo un factor intermediario.
>
> O podemos creer que es la medicina la que produce la cura; como si, sin ello, Dios no tuviese otros medios de enviar curación. Una vez que creemos esto, comenzamos inevitablemente a preocuparnos por los medios - buscando el medicamento correcto, ocupando todo nuestro tiempo en el trabajo y demás - olvidando de volvernos hacia Dios, la Fuente de todas las cosas y la Causa Primordial. Es verdad que debemos ocuparnos de los medios. Pero no debemos cometer el error de confundir los medios con la Causa Primordial y poner nuestra fe en el intermediario. Sólo debemos tener fe en Dios (*Likutey Moharán* I, 62:6).

Es interesante notar que la fe refleja autoridad, dado que tenemos la "autoridad" de decidir cómo dirigir nuestros sentimientos y emociones hacia Dios y dejar que se manifiesten a través de la fe. Pero, ¿qué debemos hacer cuando nos sentimos perdidos o confusos, o cuando nuestra autoridad no parece funcionar? Responde el Rebe: "Puedes tener muchas preguntas y dudas. Pero cuando tu corazón gime, ello muestra que aún tienes la ardiente chispa de la fe... Este gemir puede elevar y fortalecer tu fe hasta que desaparezcan todas las dificultades" (*Sabiduría y Enseñanzas del Rabí Najmán de Breslov* #146).

Si las cosas se ponen realmente difíciles, recuerda esta enseñanza: "Si tienes dudas sobre tu fe en Dios, debes decir en voz alta, 'Creo con una fe perfecta que Dios es Uno, Primero, Último y Eterno'" (*Sabiduría y Enseñanzas del Rabí Najmán de Breslov* #142). Cuanto más expreses tu fe, más la estarás construyendo, como en (Salmos 89:2), "Haré conocer Tu fe con mi boca". Utilizando la boca (Maljut) para proclamar el Maljut de Dios, fortalecemos ese ámbito y despertamos la autoridad latente necesaria para superar todas las preguntas y desafíos a la fe.

La Plegaria

Maljut también se expresa a través de la plegaria. Explica el Rebe Najmán, "La plegaria se fundamenta en la creencia de que existe un Creador Quien continuamente renueva el mundo tal como Él lo desea. Con esta fe, puedes orar a Dios para que Él te otorgue lo que pides. Entonces, por medio de tus plegarias, puedes realizar milagros que desafíen incluso las leyes de la naturaleza" (*Likutey Moharán* I, 7:7).

Estamos acostumbrados a pensar que en la vida hay un "orden natural" para todo. El sol siempre sale por el este y se pone en el oeste, etc. "Así es como es; y no se puede hacer nada en ese sentido" dice la gente; pero están equivocados. Es verdad que Dios creó un "sistema natural" dentro del cual opera el mundo, pero Él también trae fenómenos "naturales" tales como los tsunamis, huracanes, volcanes y terremotos que, aunque tienen explicación científica, desafían el orden natural, mostrándonos que la naturaleza puede ser alterada. Las Diez Plagas de Egipto, la Apertura del Mar y otros milagros registrados en la Torá reflejan esta verdad, y en cada generación hay cantidad de individuos que testifican sobre milagros que les han sucedido.

La plegaria nos da el poder de desafiar a la naturaleza. Cuando sólo confiamos en Dios, Quien tiene el poder y la autoridad de hacer lo que Él quiera, podemos invocar ese poder y efectuar milagros. Mediante la plegaria nos unimos a Dios, la Fuente Infinita de todo nuestro potencial, y a través de la plegaria podemos llegar a alcanzar nuestros objetivos (ver *Likutey Moharán* II, 84).

> Acostúmbrate a orar por todo lo que necesites, así sea sustento, hijos o salud para un enfermo. En todas estas cosas, tu estrategia básica debe ser orar a Dios. Debes creer que "Dios es bueno para todo" (Salmos 145:9), para curar, para el sustento y para todo lo demás; y la esencia de tus esfuerzos para obtener lo que necesitas debe estar dirigida hacia Dios. No busques otras clases de estrategias, dado que la mayoría de ellas son totalmente ineficaces y generalmente somos incapaces de encontrar siquiera una pequeña fracción que sea efectiva. Pero llamar a Dios es bueno y efectivo para todo el mundo; este método está siempre a nuestro alcance, porque Dios está siempre presente (*Likutey Moharán* I, 14:11).

La plegaria es también la herramienta más efectiva para superar todos los desafíos y obstáculos que surgen en nuestras vidas. Recomienda el Rebe Najmán, "Sean cuales fueren las batallas que debas luchar, así sea contra tu mala inclinación o contra aquéllos que ponen barreras u obstáculos en tu camino, todas deben ser libradas con la plegaria. La plegaria es la fuente de tu vida misma. Habla con Dios y ruégale para que te ayude en todo momento. La plegaria es el arma con la cual podemos ganar la batalla" (*Likutey Moharán* I, 2:1).

En verdad, no siempre es fácil orar. A veces estamos cansados, otras veces estamos bajo presión, otras veces enojados o no estamos en paz con nosotros mismos como para poder ser capaces de hablarle a Dios. El Rebe Najmán revela: "El secreto de la plegaria es ser audaces. La única manera de ponerse de pie y orarle a Dios es con audacia y arrojo. Al orar, debes dejar de lado tu timidez y con valentía pedirle a Dios lo que necesites. Este arrojo es necesario para frustrar la oposición que trata de impedir que sirvas a Dios" (*Likutey Moharán* I, 30). Es decir, debemos tomar control (Maljut) de la situación y, en una cierta medida, "empecinarnos" con nuestras plegarias y pedidos delante de Dios.

Es posible que a veces te encuentres orando con gran devoción y que de pronto tu sentimiento se desvanezca quedando las palabras como vacías. No te desanimes. Continúa con el servicio diciendo cada palabra con absoluta simpleza. A veces puedes tratar de orar con todas tus fuerzas pero aun así no ser capaz de lograrlo. Nunca te desanimes. Ésta es la regla más importante. Esfuérzate en decir cada palabra del servicio. Haz como si fueras un niño tratando de aprender a leer y pronuncia las palabras simplemente. La mayoría de las veces Dios tocará tu corazón con una llama que se elevará en una plegaria fervorosa...

Escucha cada palabra que dices. Concéntrate y no dejes que tus pensamientos se dispersen. Simplemente mantén tu mente en las palabras. Sigue el orden del servicio aun sin sentimiento. Continúa palabra por palabra, página tras página, hasta que Dios te ayude a alcanzar un sentimiento de devoción. Y si llegas a completar el servicio sin haber sentido devoción alguna, ése no es el fin. Todavía puedes recitar un Salmo u otras plegarias. En general, debes tratar de cumplir con todas las tareas religiosas aplicando toda tu fuerza. Esto ocurre especialmente con respecto a la plegaria. Si no eres digno de ello, aun así está prohibido que te desanimes. Sé fuerte y alégrate tanto como sea posible. Ora con regocijo, con una alegre melodía. Busca estar de buen humor antes de comenzar el servicio. Busca tus puntos buenos, utilizándolos para infundirles alegría a tus plegarias (*Sabiduría y Enseñanzas del Rabí Najmán de Breslov* #75).

Era sabido que el Rebe Najmán nunca se empecinaba con algo. Pero cuando se trataba de la plegaria, insistía en nunca ser descuidado. Debemos ejercitar nuestra autoridad, nuestro Maljut, ser enérgicos y osados en esta área. Enérgicos para asegurarnos de orar y pedir por nuestras necesidades. Osados porque aunque pensemos que podemos estar lejos de Dios, aunque seamos culpables de terribles pecados, sin embargo, siempre podemos acercarnos a Él. Lo que necesitamos es fe en que Dios oye y escucha nuestras plegarias. Como enseña el Rebe Najmán, "El fundamento de toda plegaria es la fe, es decir, nuestra creencia en que todo está en poder de Dios, incluso alterar la naturaleza; y que Dios no retiene la recompensa de cada criatura (*Pesajim* 118; *Likutey Moharán* I, 55,3).

Es posible que hayas orado mucho y te hayas recluido con Dios día tras día, año tras año, y que aun así sientas que estás muy lejos de Él. Puedes incluso comenzar a pensar que Dios te está ocultando Su rostro. Pero es un error pensar que Dios no escucha tus plegarias. Debes creer con una fe perfecta que Dios les presta atención a todas y cada una de las palabras de tus plegarias, de tus pedidos y conversaciones con Él. Ninguna palabra se pierde. Cada una deja su marca en los mundos superiores, aunque sea débil. Poco a poco ellas despiertan el amor de Dios.

Si parece no haber respuesta, se debe a que aún no se ha perfeccionado el edificio al cual estás destinado a entrar. Lo más importante es no abandonar y no caer en la desesperanza. Eso sería una tontería. Mantente firme y continúa con tus plegarias, con una nueva determinación. Al final, se despertará el amor de Dios y Él se volverá y brillará Su luz sobre ti, cumpliendo tus deseos y anhelos. Te llevará hacia Él con amor y abundante misericordia (*Likutey Moharán* I, 2:7).

Hay momentos en los que deberás incluso conquistar a Dios. Puedes sentir que Dios te rechaza debido a tus pecados. Puedes pensar que no cumples con Su voluntad. Pero mantente fuerte e inclínate delante de Dios. Extiende tus manos hacia Él y ruega que te tenga piedad y te permita servirlo. Puede parecer que Dios te está rechazando, pero debes exclamar: "¡No importa! ¡Aún quiero ser judío!". Ésta es la manera de conquistar a Dios. Dios siente una gran alegría cuando Lo conquistas de esa manera (*Sabiduría y Enseñanzas del Rabí Najmán de Breslov* #69).

El Rebe Najmán enseña que el motivo principal por el cual la gente no ora apropiadamente es la depresión y la pereza, que surgen de una falta de fe. Si tuviesen una fe completa y realmente creyeran que Dios está por sobre ellos escuchando cada palabra que expresan, ciertamente orarían con gran fervor y celo. De manera similar, la razón por la cual la gente está lejos de los Tzadikim y del verdadero servicio a Dios es la falta de fe. No hay nada que pueda interponerse en el camino de aquél que tiene una fe completa (*Likutey Moharán* I, 155:2).

La plegaria hace referencia al orden de plegarias en el *sidur* y a la plegaria espontánea que surge desde lo más profundo del corazón. Ésta última es conocida en los escritos de Breslov como *hitbodedut*, el camino de la meditación enseñado por el Rebe Najmán (ver más abajo). Ambos son efectivos para lograr el objetivo que buscamos, que es la conexión con Dios. En ambos casos, podemos investir nuestras personalidades y deseos dentro de nuestras plegarias, de la siguiente manera:

> Al orar, debes unirte tan fuertemente con Dios como para llegar a no tener conciencia de nada más. Piensa que no hay nada en el mundo fuera de Dios, y que tú mismo eres el único ser del mundo. Lo único que debes escuchar es lo que tú mismo estás diciendo delante de Dios. Es verdad que el objetivo final es anularte al punto en que ni siquiera te oigas a ti mismo. Pero aunque no hayas logrado este nivel, debes tratar al menos de no escuchar a nadie más (*Likutey Moharán* II, 103).

> La plegaria debe ser expresada en voz alta, literalmente. No es suficiente pensar la plegaria. Es verdad que Dios sabe lo que estás pensando pero las palabras tienen que ser dichas, porque el habla es un recipiente con el cual puedes recoger el influjo de bendiciones. La bendición que recibes está de acuerdo con las palabras que dices. Cuando articulas las palabras con los labios y tu habla está bien ordenada y es adecuada, puedes entonces recibir valiosas bendiciones. Éste es el motivo por el cual siempre debes orar con palabras por todo aquello que necesites, así sea espiritual o material; entonces podrás recibir la afluencia de bendiciones (*Likutey Moharán* I, 34:3).

Hitbodedut

El hitbodedut, el camino de meditación sugerido por el Rebe Najmán, es un tipo de plegaria que se realiza con tu propio lenguaje y tus propias palabras. Para realizar el hitbodedut, debes recluirte en un lugar privado tal como una habitación tranquila, un parque o un campo, o cualquier otro lugar con pocas distracciones, o mejor aún, sin distracción alguna. Durante el hitbodedut, hablas con Dios sobre ti mismo, sobre tus necesidades y metas; debes articular todos tus pensamientos, preguntas, frustraciones y desafíos; y pedirle a Dios que te ayude a concretar tus objetivos. También debes expresar agradecimiento por las cosas que Dios te ha dado y por las metas que has logrado.

El hitbodedut es una poderosa herramienta para generar ideas y avanzar y evaluar constantemente el progreso hacia nuestros objetivos. Más arriba hemos hablado sobre el mensaje del Rebe Najmán, al afirmar que las personas no son clones y que cada una debe desarrollar su propio y único potencial (Parte 1, capítulo 1, comienzo). El hitbodedut es el punto máximo de expresión original, que te da la posibilidad de hacer un contacto directo con tu Creador y expresarle a Dios, la Fuente de todo tu potencial, tus pensamientos y preocupaciones más personales. El hitbodedut representa el pináculo en el reconocimiento de tu personalidad, dado que puedes utilizar este tipo de meditación/hitbodedut para descubrir tus fortalezas y debilidades y aprender a obtener lo mejor de cada una de ellas.

Al describir el hitbodedut, el Rebe Najmán dijo, "Asegúrate de disponer todos los días de un tiempo específico para rever con calma tu vida. Considera lo que estás haciendo y fíjate si es digno de que le dediques tu vida" (*Sabiduría y Enseñanzas del Rabí Najmán de Breslov* #47). El Rebe mismo practicaba esto. Cierta vez un joven le preguntó cómo debía meditar y el Rebe le dijo que debía decirle a Dios: "Señor del Universo, ten piedad de mí. ¿Es correcto que mi tiempo deba pasar en tal inutilidad? ¿Para esto fui creado?". Poco después, el joven estaba de pie detrás de la puerta del Rebe y lo escuchó derramar su corazón a Dios con estas mismas palabras (*Tzadik* #239).

El hitbodedut abre, sostiene y fortalece nuestra relación con Dios, permitiéndonos acceder a las energías Divinas ocultas en las Sefirot. Cuanto más hitbodedut hagamos, más grande será la relación que tengamos; cuanto más fuerte sea la relación, más querremos dedicarnos al hitbodedut. El hitbodedut es esencial para una relación con Dios. Es como un amigo mío hizo notar cierta vez, "¿Cómo puedes tener una relación con alguien a quien nunca le hablas?".

El Rebe Najmán recomienda que cada persona se dedique al hitbodedut durante una hora al día, aunque incluso menos que esto también es ciertamente valioso. Durante este tiempo, debes recolectar tus pensamientos y comenzar a hablarle a Dios, pidiéndole y rogándole que puedas llegar a vivir una vida lo más plena posible, alcanzar tus objetivos, que puedas centrarte y mantenerte centrado, pidiendo todo lo que necesites, tal como salud y sustento. A aquél que se dedica al hitbodedut se le garantiza "saborear" a Dios, experimentarlo de maneras que habrían parecido más allá de toda capacidad humana.[21]

> Dios nos llama hijos Suyos, tal como está escrito: "Ustedes son hijos del Señor Su Dios" (Deuteronomio 14:1). Por lo tanto, es muy bueno expresar nuestros pensamientos y problemas ante Dios, como un niño rogando delante de su padre, con gestos de gracia y de compasión. Es posible que pienses que has hecho tanto mal que ya no eres más uno de los hijos de Dios, pero recuerda que Dios aún sigue llamándote Su hijo.
>
> Supongamos que Dios te ha rechazado y que ha dicho que ya no eres más hijo Suyo. Aun así uno debe decir: 'Que Él haga de acuerdo con Su voluntad. Yo debo hacer mi parte y seguir comportándome como Su hijo'. Qué bueno es poder despertar nuestro corazón y suplicar a Dios hasta que las lágrimas fluyan de nuestros ojos, como un niño pequeño llorando delante de su Padre" (*Sabiduría y Enseñanzas del Rabí Najmán de Breslov #7*).

---

[21] Para una guía completa sobre hitbodedut, ver *Donde el Cielo y la Tierra se Besan: Una Guía para la Senda de Meditación del Rebe Najmán*, publicado por el Breslov Research Institute.

Hitbodedut no es sólo para beneficio espiritual. Pide también que tengas salud, una buena entrada económica y pide por tus necesidades emotivas. Y ora por todas las cosas pequeñas, para conectarte con todas las bendiciones que Dios te ha concedido. Sugiere el Rebe Najmán:

> Debes orar por todo. Si tu vestimenta se ha desgarrado y debes reemplazarla, ora a Dios pidiéndole una nueva. Haz así con todo lo demás. Acostúmbrate a orar por todas tus necesidades, tanto grandes como pequeñas. Tus plegarias más importantes deberán ser por aquellas cosas fundamentales, para que Dios te ayude en tu devoción, para que seas digno de acercarte a Él. Pero también debes orar por las cosas triviales. Dios puede darte alimento, vestimenta y todo lo que necesites aunque tú no Se lo pidas. Pero entonces eres como un animal. Dios le da su pan a toda criatura sin que se Lo pida. También puede dártelo a ti de esta manera. Pero si no ganas tu vida mediante la plegaria, entonces ella se asemeja a la de una bestia. Pues el hombre debe obtener de Dios todo lo que necesite para su existencia, a través de la plegaria" (*Sabiduría y Enseñanzas del Rabí Najmán de Breslov* #233).

Al igual que en las otras clases de plegaria, las palabras no siempre surgen durante el hitbodedut. Debes entender que esto es normal y sucede más a menudo de lo que querríamos. El Rebe nos enseña a no perder nunca la esperanza: "Cuando la persona Le está hablando a Dios durante la meditación, aunque no diga más que las palabras 'Señor del Universo', eso es también muy bueno" (*Tzadik* #440). Lo más importante es ser obstinados y sentarnos delante de Dios, disponiendo de un tiempo para hacer la conexión con Él.

Las recompensas del hitbodedut son mucho más grandes de lo que podemos imaginar:

> Si deseas saborear el gusto de la Luz Oculta - de los misterios de la Torá, la Kabalá, la experiencia Divina que está destinada a ser revelada en el Futuro - debes meditar y hablarle a Dios. Expresa delante de Él todo lo que hay en tu

corazón. Examínate y júzgate. Sopesa todas las cosas con las que estás ocupado. De esta manera serás capaz de eliminar todos los temores externos, que son llamados "temores caídos", y elevar tu temor y experiencia al verdadero temor al Cielo (*Likutey Moharán* I, 15:3).

Busca estar totalmente unido a la Fuente de tu ser. Para alcanzar esto requieres el *bitul* (la anulación), y la única manera de alcanzar el *bitul* es mediante la plegaria recluida con Dios (*hitbodedut*). De esta manera, puedes anular tu corporeidad y fundirte con tu Fuente (*Likutey Moharán* I, 52). De esta manera, asciendes más allá de los desafíos y alcanzas la Vida Eterna, que es el Objetivo Final.

Parte IV

DE LO POTENCIAL
A LO CONCRETO

1

❦

LA FORMACION DE UN TZADIK

"Dulce es el sueño del trabajador..." (Eclesiastés 5:11).

El Midrash relata una parábola sobre un rey que contrató trabajadores para que cuidaran sus campos. Uno de los trabajadores se esforzó más que los demás. El rey lo llamó y le pidió que lo acompañase a pasear por sus jardines. Luego se sentó a comer con él y se hizo amigo suyo. Viendo esto, los otros trabajadores preguntaron, "¿Por qué lo favorece a él más que a nosotros?". El rey les respondió, "Él hizo más por mí que ningún otro".

El Midrash cita esta parábola como un elogio del Rabí Bun, un importante sabio Talmúdico, que falleció a la temprana edad de veintiocho años. En esos veintiocho años el Rabí Bun logró más que lo que una persona habría esperado alcanzar durante una vida de 100 años (*Kohelet Rabah* 5:11). De acuerdo con el Midrash, "el sueño del trabajador" es dulce porque ha luchado para alcanzar sus objetivos durante toda su vida. Entonces puede "descansar" en la vida después de la muerte, seguro en la recompensa por sus logros.

En este contexto, el Rebe Najmán dijo cierta vez: "*Mein darf nisht lang leben, mir darf nor shein leben*! ¡No es necesario vivir mucho, sino vivir bien!". También el Rebe vivió una vida muy corta; tenía sólo treinta y ocho años y medio cuando falleció, pero aun así, en ese corto lapso logró más que lo que la mayor parte de la gente podría esperar alcanzar durante muchas vidas.

El Rebe Najmán comenzó a trabajar sobre sí mismo y a perfeccionar sus rasgos de carácter cuando era un niño. Adquirió su primer discípulo el día de su *bar mitzvá*, a la edad de trece años. Continuó atrayendo más y más seguidores, creando finalmente una Jasidut que hoy en día cuenta con decenas de miles de seguidores (sin mencionar las miríadas de lectores interesados en sus obras en todas partes del mundo). Hoy en día, cerca de 200 años después de su fallecimiento, las enseñanzas y las parábolas del Rebe Najmán aún poseen una asombrosa frescura e inmediatez que atraen tanto al lego como al estudioso.

Su logro es mucho más notable considerando el entorno histórico. El Rebe Najmán fue un líder judío que actuó principalmente en Europa Oriental a comienzos del siglo XIX. Más específicamente, fue un maestro jasídico, líder de un pequeño grupo de seguidores durante un período en el cual el judaísmo se encontraba desgarrado por grupos jasídicos rivales, por la crítica del mundo religioso no jasídico, y por la *Haskalá* (movimiento Iluminista) que intentaba elejar a los judíos del judaísmo tradicional. ¿Cómo es posible que un maestro jasídico de comienzos del siglo XIX pueda hablarles a personas del siglo XXI, ofreciéndonos con tanta claridad el consejo y la sabiduría que tan desesperadamente necesitamos?

La respuesta, tal como solía decir el Rebe, es que él no nació siendo un Tzadik. Él solía burlarse de aquéllos que pensaban que el Tzadik nace siendo Tzadik. Más bien, el Tzadik se vuelve lo que es en base a la fortaleza de sus propios esfuerzos. Todo depende del individuo y de cuánta energía esté dispuesto a invertir en sus objetivos y en su futuro (*Sabiduría y Enseñanzas del Rabí Najmán de Breslov* #26). Es verdad que el Rebe Najmán tenía buenos genes (su bisabuelo fue el Baal Shem Tov, fundador del Jasidismo), pero también trabajó sobre sí mismo y luchó para alcanzar la grandeza, utilizando todas las herramientas de la Kabalá que hemos estado tratando. Utilizando cada una de las Sefirot, abrió los misterios de la Creación y nos dejó un legado de sabiduría eterna.

He aquí algunos ejemplos de cómo el Rebe Najmán utilizó las energías de las Sefirot para alcanzar su potencial:

Keter

Al comienzo, todo lo que hacía el Rebe le requería un gran trabajo y esfuerzo. Ninguna forma de devoción le llegaba con facilidad y en muchos casos debía dejar su vida en ello. Cada cosa le requería un tremendo esfuerzo y debía trabajar muy arduamente cada vez que deseaba hacer algo para servir a Dios. Cientos de veces hubo de caer, pero siempre volvía a levantarse, sirviendo nuevamente a Dios... Cada vez que comenzaba, volvía a caer. Empezaba nuevamente y volvía a tropezar. Esto le ocurrió infinidad de veces, una y otra vez... Finalmente, el Rebe decidió fortalecerse y mantenerse firme en su lugar... desde ese momento, su corazón se afirmó en su devoción a Dios (*Alabanza del Tzadik* #5).

Tal era el tremendo poder de voluntad del Rebe Najmán. Él sabía que los desafíos eran grandes, pero se mantuvo firme en su resolución de lograr los elevados objetivos que se había propuesto a sí mismo. Para soportar constantemente las frustraciones de luchar y caer, y tratar una vez más, se requiere de mucha paciencia, otro aspecto de Keter. Los esfuerzos del Rebe encaminados a la renovación (conceptualmente, la idea del arrepentimiento) le dieron la energía para librarse de cada contratiempo y buscar un nuevo comienzo. Él dijo en sus últimos años, "Está de más decir que ni una palabra sale de mis labios sin alguna novedad. ¡Ni siquiera el aliento sale de mis labios sin originalidad!" (*Tzadik* #384).

Jojmá, Biná, Daat

En la primera lección del *Likutey Moharán*, el Rebe Najmán enseña que la persona debe utilizar su mente para encontrar a Dios en todas las cosas de este mundo, literalmente.

El Rebe Najmán constantemente utilizaba su mente para investigar y analizar todo lo que podía para mejorar su vida. A lo largo de sus enseñanzas, encontramos referencias no sólo a las novedades de Torá tan preciadas por él, sino también a toda clase de ideas sobre los fenómenos naturales. Estos últimos incluyen referencias a la anatomía humana, al comportamiento animal y al ámbito vegetal y mineral. Quizás las más asombrosas de estas ideas se centran en el comportamiento humano, adelantándose en 100 años a la psicología moderna.

El Rebe no sólo fue capaz de comprender las dificultades que enfrentan a cada persona en este mundo, sino que además ofreció soluciones prácticas para la supervivencia y el crecimiento de cada ser humano. Su consejo se aplica tanto al judío de un *shtetl* del siglo XIX en Ucrania, como al judío cosmopolita de Nueva York del siglo XXI, porque él buscaba a Dios en todas las cosas. El Rebe Najmán sabía que Dios es el generador del problema individual o colectivo y que Dios también otorga la solución. Todo aquél que busque la Fuente y el Objetivo de este mundo será recompensado con la comprensión.

Jesed

Cierta vez dijo el Rebe Najmán: "El amor que existe entre la gente temerosa de Dios, honesta y sincera, y en especial entre el Tzadik y sus seguidores, es el verdadero amor, la esencia misma del amor. El amor del Tzadik por sus seguidores es muy, muy grande: él desea sólo su verdadero bien. Si él pudiera, les daría a ellos todo el bien de todos los mundos... y desearía que ellos tuviesen casas hermosamente decoradas, jardines y demás... ¡Cuánto más aún él desea su bien espiritual!" (*Tzadik* #471).

El Rebe les dijo a sus seguidores: "He dejado todo de lado, dedicándome a ustedes, para hacer de ustedes gente mejor... ¡Cuántas veces enronqueció mi voz y se me secó la boca de hablar y hablar con cada uno de ustedes! ¿Y qué he logrado? Es posible que ustedes sean puros y sinceros, pero no es eso lo que yo quería. Yo quería que ustedes fuesen Tzadikim, grandes Tzadikim en los niveles más elevados" (*Tzadik* #257).

Llenando su corazón de amor y preocupación, al Rebe Najmán invirtió mucho tiempo y esfuerzo pensando cómo ayudar a los demás. Cierta vez dijo que cada uno de sus seguidores estaba "horneado en su corazón". Él sólo quería lo mejor para ellos, tanto física como espiritualmente, y los exhortaba a tratar de esforzarse lo máximo posible, y nunca quedar satisfechos con logros secundarios. No te conformes con menos, solía decir el Rebe. Nunca abandones. Siempre puedes hacerlo mejor.

El Rebe estaba junto a sus seguidores tanto en la tristeza como en la alegría. Sentía el sufrimiento de cada uno de los que venían a consultarlo, así fuera en los dolores de la enfermedad, la tristeza de la falta de hijos o la desesperación de la pobreza. El Rebe Najmán dijo que Dios lo había ayudado a sentir el dolor de los demás mucho más que ellos mismos (*Sabiduría y Enseñanzas del Rabí Najmán de Breslov* #188).

Guevurá

Es necesario ser muy obstinado en el servicio a Dios
(*Likutey Moharán* II, 48).

Guevurá implica fuerza y resolución al igual que disposición para abandonar las propias nociones preconcebidas, las comodidades y a veces a uno mismo. El Rebe Najmán tomó de esta energía cuando decidió hacer su peregrinación a la Tierra de Israel en 1798-1799. Carecía de los fondos necesarios, tuvo que dejar a su esposa y a sus hijos durante ese tiempo, e incluso su puesto de maestro jasídico anterior a su partida. Dejó de lado todas estas preocupaciones a favor del imperativo espiritual de establecer su presencia física en la Tierra Santa. Más aún, desarrolló un increíble autocontrol para mantenerse centrado en su objetivo durante los cinco largos meses que le llevó completar el peligroso viaje por tierra y por mar desde Ucrania hasta el puerto de Jaifa, donde dijo que pudo finalmente acceder a *Jojmá Iláa* (Percepciones Divinas de Sabiduría).

Tiferet

Cuando comenzó a servir a Dios, el Rebe Najmán solía elegir ciertas devociones que, luego de una profunda consideración, sentía que eran apropiadas para él en ese momento. Después de tomar la decisión, se embarcaba en ese sendero y se mantenía en él, y no dejaba que ninguna duda sobre la eficacia de esas devociones lo molestara. Luego de varias semanas volvía a repasar este sendero, y podía continuar con él o seguir con otras devociones *(Likutey Moharán* II, 115).

Así sea que la devoción se mostrase efectiva o hubiese de ser descartada, el Rebe Najmán siempre estaba en paz consigo mismo. Tomaba las cosas que se le presentaban en ese momento y las utilizaba como mejor podía. A la hora de los resultados, solía revalorar sus elecciones y tomar otras nuevas. Al final, las ganancias superaban las pérdidas.

Desde edad muy temprana el Rebe también utilizó cada momento disponible para aumentar su conocimiento de la Torá. Con este conocimiento podía afianzar todas sus elecciones sobre principios sólidos y duraderos. Siendo niño, solía pagarle a su tutor tres monedas de plata de su propio bolsillo por cada página del Talmud que le enseñase. Esto, además del sueldo que le pagaba su padre. El Rebe agregaba su propio dinero extra por cada página, para que el tutor se esmerase en enseñarle muchas hojas por día *(Alabanza del Tzadik #* 4).

Relata el Rabí Natán: "El Rebe dedicaba todo momento posible a sus estudios sagrados. Pasaba mucho tiempo estudiando el Talmud, el *Shuljan Aruj,* la Torá, el *Ein Iaacov* [22] y los libros místicos del *Zohar,* del *Tikuney Zohar* y los escritos del santo Ari. El Rebe comentó que en la biblioteca de su padre se encontraban todos los libros pequeños de *Musar* y que él leyó todos y cada uno de ellos... Fluido era su conocimiento de toda la Torá. Podía citar cualquier párrafo de la literatura sagrada como si tuviese el libro

---

[22] "La Fuente de Iaacov", una compilación de las porciones del Talmud que no tratan sobre cuestiones legales.

abierto delante de él. Era como una mesa servida delante de él donde podía ver y elegir todo aquello que deseaba. Nuestra literaturasagrada, en toda su extensión, se presentaba dispuesta delante de los ojos de su mente para ser utilizada cuando él lo deseara. Esto es algo que puede observarse en los escritos del Rebe (*Alabanza del Tzadik #7*).

Netzaj, Hod

El Rebe Najmán le dijo al Rabí Natán: "Sea lo que fuere que deba lograr, siempre quiero hacerlo y terminarlo de inmediato, sin falta, sin dejarlo para otro momento. Si hubiera sido posible completar la escritura del *Sefer HaMidot* en un solo día, con gusto lo habría hecho" (*Tzadik #434*).

Saber cuándo avanzar y cuándo detenerse, éste era el genio del Rebe Najmán que aplicaba a todas sus actividades. Nunca se quedaba quieto; más bien, hacía aquello que debía ser hecho inmediatamente y sin demora. Él sabía que si no lo hacía inmediatamente, era posible que nunca pudiese llegar a hacerlo, porque más tarde probablemente no querría pensar en ello. Sin embargo, si no podía hacer algo inmediatamente, nunca se preocupaba por ello. Si podía hacerlo después, el próximo día o en algún otro momento, lo haría; y si no, no. Nunca estaba ansioso en lo más mínimo ni preocupado por nada (*Ibid.*).

Iesod

Dijo el Rebe: "Para mí los hombres y las mujeres son iguales" (*Alabanza del Tzadik #18*).

El Rabí Natán explica que el Rebe Najmán alcanzó un nivel tan elevado de moralidad que podía quebrar todo pensamiento o sentimiento lujurioso que se le presentase. Más tarde, nunca tuvo pensamientos erráticos al mirar a una mujer. Como se explicó antes, este logro de pureza le da a la persona el título de Tzadik (ver Parte III, capítulo 9).

"No pienses que tal autocontrol era algo simple", agrega el Rabí Natán. "Para tener un control total de sus instintos sexuales, el Rebe tuvo que luchar contra innumerable tentaciones. Fueron necesarios muchos días y años de plegarias, rogando y derramando su corazón delante de Dios, pidiendo que Él lo rescatase de este deseo. El Rebe continuó en esta senda hasta que fue capaz de superar todas las tentaciones. Se santificó en un grado tal que es imposible imaginar su total separación de este deseo. Al final, fue digno de subyugarlo totalmente. Trabajó sobre sí mismo hasta que llegó a resultarle difícil comprender cómo es que la gente considera que controlar la lujuria es algo muy arduo. Para él, ya no era una tentación en absoluto" (*Alabanza del Tzadik* #16).

Con una determinación similar, el Rebe Najmán conquistó cada uno de sus rasgos negativos de carácter. "En un principio tenía muy mal carácter, enojándose ante la menor provocación. Pero aun así, quería ser una buena persona, tal como Dios lo desea. Entonces comenzó a trabajar sobre su temperamento hasta que lo superó por completo. Rechazó totalmente la ira, obligándose a actuar de la manera opuesta. En lugar del enojo poseía ahora una absoluta paciencia y tolerancia. De esta manera, el Rebe alcanzó un nivel en el cual nada llegaba a molestarlo... No importa cuánto mal le hiciese una persona, lo llegaba a tolerar sin ninguna clase de odio" (*Alabanza del Tzadik* #22).

Maljut

El Rebe alcanzó lo que alcanzó simplemente a través de la plegaria y de la súplica delante de Dios. Y en esto era muy constante. Suplicaba y rogaba de todas las formas posibles, pidiéndole a Dios que tuviese misericordia y lo hiciese digno de la verdadera devoción y cercanía a Él (*Alabanza del Tzadik* #10).

Hablando en su propia lengua materna (*idish*) el Rebe Najmán solía recluirse cada día para expresar sus pensamientos ante Dios. La casa de su padre tenía un pequeño granero, dividido como depósito para el heno y el alimento del ganado. Allí se ocultaba para recitar Salmos y orar.

Escribe el Rabí Natán, "Además de esto, el Rebe utilizaba todos los libros de plegarias que pudiera encontrar. Derramaba su corazón en todas las plegarias y súplicas, incluyendo aquéllas para las mujeres, impresas en *idish*. Y no omitía ninguna sola... También tenía el hábito de cantar únicamente aquellos Salmos que hablaran de la plegaria y del llanto ante Dios. Leía todo el Libro de los Salmos de una vez, recitando sólo estos versículos y dejando de lado el resto.

"Pero aparte de todo esto, las más importantes eran sus propias súplicas, surgidas desde su corazón y en sus propias palabras. Oraba y argüía delante de Dios, pidiendo y argumentando. Pedía y rogaba que Dios lo hiciera digno de la verdadera devoción. Fueron este tipo de plegarias las que ayudaron al Rebe a alcanzar su grandeza. Esto lo oímos de manera explícita de los propios santos labios del Rebe" (*Ibid.*).

La fe es el compañero necesario de la plegaria. El Rebe Najmán solía decir, "Es muy bueno depender sólo de Dios. Al comenzar cada día, dejo a cada uno de mis movimientos en las manos de Dios, pidiendo hacer sólo Su voluntad. Y esto es muy bueno y no tengo ninguna clase de preocupación. Así sea que las cosas vayan bien o no, yo dependo por completo de Dios. Si Él desea que sea de otra manera, yo ya he pedido hacer sólo Su voluntad. Antes de cada Shabat o Festividad, dejó también mi observancia en las manos de Dios, pidiendo que ella esté de acuerdo con Su voluntad. Puedo entonces celebrarlo sin preocuparme pensando si estoy haciendo algo mal. Dependo por completo de Dios y todo lo que hago está en Sus manos" (*Sabiduría y Enseñanzas del Rabí Najmán de Breslov* #2).

Desde su infancia el Rebe Najmán manifestó fe en los Tzadikim. Aun antes de los seis años de edad, solía caminar desde su hogar en Medzeboz hasta la cercana tumba de su santo bisabuelo, el Baal Shem Tov, y pedir que el Tzadik lo ayudase a acercarse a Dios. Luego se sumergía en la *mikve*. Y esto lo hacía a la noche, incluso durante los helados inviernos, para que nadie pudiese verlo (*Alabanza del Tzadik* #19).

2

EL CÍRCULO COMPLETO

El escenario está dispuesto; el mundo está listo para ser creado. La Luz de Dios, filtrada hacia abajo a través de cada una de las Diez Sefirot, es liberada hacia nuestro mundo, iluminando a toda la Creación con bendición y abundancia. Ahora depende de nosotros retornar la bendición y la abundancia a Dios a través de nuestro cumplimiento de las mitzvot y del reconocimiento de la soberanía de Dios por sobre el mundo entero. De esta manera cumplimos con el propósito de la Creación y alcanzamos el Objetivo Final.

El escenario también está dispuesto para cada uno de nosotros. Estamos listos para crear nuestros propios mundos y llenarlos de bendiciones físicas y espirituales. Para alcanzar nuestras metas, para dirigir y canalizar nuestras energías, necesitamos las Diez Sefirot. Al cultivar y perfeccionar los diversos atributos representados por las Sefirot, podemos transformar nuestro potencial en algo concreto.

Como enseña el Rebe Najmán, el impulso más importante de este proceso de creación se relaciona con el logro de los objetivos espirituales. Podemos pasar setenta, ochenta, o incluso cien años en este mundo físico, pero nuestra existencia en el Mundo que

Viene durará por toda la eternidad. Por lo tanto, el Rebe aplica las lecciones de la Kabalá para alcanzar objetivos a largo plazo, como el maravilloso Futuro que nos espera en el Mundo que Viene.

Sin embargo, estas estrategias también pueden ser aplicadas en todas las áreas de la vida. Por ejemplo, las energías de las Sefirot pueden ser utilizadas para desarrollar estabilidad emocional. Aquél que tiene fe se gana el coraje de sus convicciones y la capacidad de mantenerse firme ante las presiones. Cuanto más grande sea su fe, mayor será su capacidad para creer en sí mismo y enfrentar los desafíos diarios.

Lo mismo se aplica a la salud física y financiera. No todos gozan de una salud excelente, ni todos alcanzan el éxito financiero. Éstos dependen de la Voluntad de Dios, y son Sus medios para probar nuestra capacidad para concretar nuestras metas, incluso cargados de contratiempos. Pero si nos centramos y utilizamos los atributos y energías que sí poseemos, estaremos en una mejor posición para encarar las dificultades de manera positiva y descubrir nuevos caminos para nuestros logros.

El poder de la voluntad es lo más importante para establecer y alcanzar los objetivos. Todo deseo está enraizado en Keter (voluntad), que recibe su energía directamente de Dios. Si preparamos nuestros recipientes para ello, podremos recibir y canalizar esa energía de acuerdo con nuestras capacidades.

Debemos recordar que nuestro objetivo final es lograr el reconocimiento de Dios, la Fuente de nuestro potencial. Luego de que la energía de Keter se ha filtrado hacia abajo, hacia nosotros, a través de las Sefirot, debemos volver a dirigir esa Luz y esa energía de retorno a Dios. Completando el círculo, debemos conectarnos con Dios, la Fuente Ilimitada de toda la energía y el potencial, y estar dispuestos a dar el próximo paso: ascender a niveles más elevados y a logros cada vez mayores. Nuestra guía son los escritos de los Kabalistas y las enseñanzas de los Tzadikim de todas las generaciones, cuyas directivas nos permiten atravesar el laberinto de desafíos, para que podamos desarrollar nuestro potencial en el nivel más elevado posible.

El Rabí Natán escribe que la clave para concretar nuestro potencial es un inacabable anhelo por Dios, Quien es tanto la Fuente como el Objetivo. Cuanto más aumentemos nuestro deseo de conectarnos con Dios, mayor será la energía que podremos tomar de Keter, la Voluntad de Dios. Con esta tremenda energía ardiendo dentro de nosotros, tendremos el poder de enfrentar cualquier tentación o deseo material que oscurezca nuestro objetivo, y ascender más allá de todos los obstáculos, para cumplir con nuestras metas.

Es por esto que la palabra hebrea para correr es *RaTz*, que es etimológicamente similar a *RaTzón* (voluntad). Aquél que tiene un ardiente deseo, "correrá" el curso de la vida con un gran entusiasmo, siempre ejerciendo su voluntad y buscando su objetivo (*Likutey Halajot, Birkot HaReiaj* 5,5).

* * *

Quiera Dios ayudarnos a reconocer el tremendo potencial para el bien que todos tenemos, y permitirnos desarrollarlo al punto en que seamos merecedores de alcanzar nuestros objetivos en todos los niveles, físicos, financieros, emocionales y espirituales. A través de esta unidad de las energías también lograremos la paz interior y la armonía con el mundo que nos rodea, lo que representa el Objetivo Final de la Creación, la Paz Absoluta que reinará en los Días del Mashíaj (ver Isaías 11:6-9). Así, al alcanzar nuestros objetivos, podremos llevar al mundo entero hacia la paz.

Que la paz, la culminación de la unidad, reine en el mundo entero. Amén.

Apéndice

EL ORDEN DE LAS DIEZ SEFIROT

KÉTER
|
JOJMÁ
|
BINÁ
|
JESED
|
GUEVURÁ
|
TIFERET
|
NETZAJ
|
HOD
|
IESOD
|
MALJUT

LA ESTRUCTURA DE LAS SEFIROT

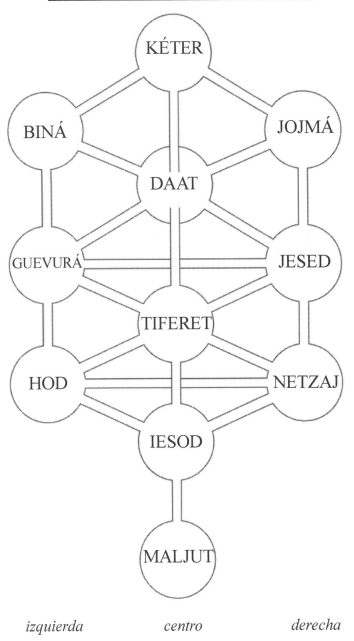

izquierda   centro   derecha

LOS PARTZUFIM - LAS PERSONAS DIVINAS

Sefirá		Persona
KÉTER		ATIK IOMIN
		ARIJ ANPIN
JOJMÁ		ABA
	} Daat	
BINÁ		IMA
	{ Jesed	
	Guevurá	
TIFERET	Tiferet	ZEIR ANPIN
	Netzaj	
	Hod	
	Iesod	
MALJUT		NUKVA DE ZEIR ANPIN

Nombres alternativos para *Zeir Anpin* y *Maljut*:

Zeir Anpin: Iaacov, Israel, Israel Sava, Torá, Ley Escrita, Santo Rey, el Sol.
Maljut: Lea, Rajel, Plegaria, Ley Oral, *Shejiná* (Divina Presencia), la Luna.

LAS SEFIROT Y EL HOMBRE

Kéter - Corona, Voluntad	Cráneo
Jojmá - Sabiduría	Cerebro derecho
Biná - Comprensión	Cerebro izquierdo
(Daat - Conocimiento)	(Cerebro medio)
Jesed - Amor	Brazo derecho
Guevurá - Fuerza, Restricción	Brazo izquierdo
Tiferet - Belleza, Armonía	Torso
Netzaj - Victoria, Duración	Pierna derecha
Hod - Esplendor	Pierna izquierda
Iesod - Fundamento	Órgano Sexual *(Brit)*
Maljut - Reinado	Pies

Alternativamente: Jojmá corresponde al cerebro/mente; Biná al corazón
Alternativamente: Maljut corresponde a la pareja del hombre, o la boca

NIVELES DE EXISTENCIA

Mundo	Manifestación	Sefirá	Alma	Letra
Adam Kadmón		*Keter*	*Iéjida*	*Ápice de la Iud*
Atzilut	Nada	*Jojmá*	*Jaiá*	*Iud*
Beriá	Pensamiento	*Biná*	*Neshamá*	*Hei*
Ietzirá	Habla	*Tiferet*(seis Sefirot)	*Rúaj*	*Vav*
Asiá	Acción	*Maljut*	*Nefesh*	*Hei*

Mundo	Habitantes	T-N-T-A
Adam Kadmón	Los Santos Nombres	
Atzilut - Cercanía	Sefirot, Partzufim	*Taamim* - Musicalidad
Beriá - Creación	El Trono, Almas	*Nekudot* - Vocales
Ietzirá - Formación	Ángeles	*Taguim* - Coronas
Asiá - Acción	Formas	*Otiot* – Letras

LOS COLORES SUPERIORES

Kéter - Corona	blanco cegador
Jojmá - Sabiduría	un color que incluye todos los colores
Biná - Comprensión	amarillo y verde
Jesed - Amor	blanco y plata
Guevurá - Fuerza	rojo y oro
Tiferet - Belleza	amarillo y púrpura
Netzaj - Victoria	rosa claro
Hod - Esplendor	rosa oscuro
Iesod - Fundamento	naranja
Maljut - Reinado	azul

LOS SIETE PASTORES SUPERIORES

Jesed - Amor	Abraham
Guevurá - Fuerza, Restricción	Isaac
Tiferet - Belleza, Armonía	Iaacov
Netzaj - Victoria, Duración	Moisés
Hod - Esplendor	Aharón
Iesod - Fundamento	Iosef
Maljut - Reinado	David

LAS SEFIROT Y LOS NOMBRES DE DIOS ASOCIADOS CON ELLAS

Kéter - Corona	*Ehiéh*
Jojmá - Sabiduría	*IaH*
Biná - Comprensión	*IHVH (pronunciado Elohim)*
Jesed - Amor	*El*
Guevurá - Fuerza	*Elohim*
Tiferet - Belleza	*IHVH (pronunciado Adonai)*
Netzaj - Victoria	*Adonai Tzevaot*
Hod - Esplendor	*Elohim Tzevaot*
Iesod - Fundamento	*Shadai, El Jai*
Maljut - Reinado	*Adonai*

NUMEROLOGIA DE LAS LETRAS HEBREAS – GUEMATRIA

300 = C	70 = U	20 = K	6 = W	1 = A
400 = T	80 = P	30 = L	7 = Z	2 = B
	90 = X	40 = M	8 = J	3 = G
	100 = Q	50 = N	9 = F	4 = D
	200 = R	60 = S	10 = Y	5 = H

Glosario

ARI - un acrónimo para Rabí Itzjak Luria (1534-1572), erudito judío y fundador del estudio moderno de la Kabalá.

Baal Shem Tov - literalmente, «El Maestro del Buen Nombre», una apelación para el Rabí Israel ben Eliezer (1700-1760), fundador de la Jasidut y bisabuelo del Rebe Najmán de Breslov.

Bitul - negación, anulación. En un contexto místico, se refiere a la anulación total del ego.

Brit - pacto.

Brit Milá - pacto de la circuncisión.

Gehinom - infierno.

Hagadá - liturgia para el Seder de Pesaj.

Halajá - ley judía.

Hitbodedut - literalmente, «reclusión solitaria», una forma de plegaria y de meditación verbal. El Rebe Najmán utilizó el término para referirse a la práctica diaria en la cual uno dispone de un tiempo y un lugar para hablar con Dios.

Jasidut - movimiento de revitalización judío fundado en Europa

Oriental en el siglo XVIII por el Rabí Israel ben Eliezer, el Baal Shem Tov. Una de sus enseñanzas esenciales es que la presencia de Dios llena todo nuestro entorno, y uno debe servir a Dios con cada palabra y cada acción.

Kabalá - sabiduría mística judía.

Kidush - literalmente, «santificación», la ceremonia de recitar la bendición sobre el vino al comienzo del Shabat y de las comidas festivas.

Mashíaj - El Mesías judío, descendiente del rey David.

Matzá - pan ácimo, sin levadura, consumido en Pesaj.

Midot - características o atributos; otro nombre para las siete Sefirot inferiores: Jesed, Guevurá, Tiferet, Netzaj, Hod, Iesod y Maljut.

Mikve - una piscina especial utilizada para purificación ritual.

Mitzvá (pl. *Mitzvot*) - preceptos o mandamientos de la Torá.

Mojín - Intelectos; otro nombre para las Sefirot superiores de Jojmá, Biná y Daat.

Musar - lecciones éticas para el crecimiento personal y espiritual.

Or Ein Sof - la Luz Infinita de Dios.

Pesaj - festividad bíblica (durante la primavera) que conmemora el Éxodo de Egipto.

Seder - literalmente, «orden», la comida festiva realizada durante las dos primeras noches de Pesaj (sólo la primera noche en la Tierra de Israel), con un orden prescrito de rituales y comidas simbólicas que recuerdan el Éxodo de Egipto.

Sefirá (pl. *Sefirot*) - interfases Divinas mediante las cuales las bendiciones de Dios descienden al hombre, y a través de las cuales el hombre puede enviar sus ofrendas personales a Dios.

Shabat - el sábado judío.

Shavuot - festividad bíblica (al comienzo del verano) conmemorando la Entrega de la Torá en el Monte Sinaí.

Shemá, Shemá Israel - la declaración de fe en la unidad de Dios y el compromiso de cumplir con Sus mandamientos, compuesto por los versículos de Deuteronomio 6:4-9; 11:13-21 y Números 15:37-41. Recitado diariamente durante las plegarias de la mañana y de la noche, antes de ir a dormir.

Shmirat HaBrit - guardar el pacto. Específicamente hace referencia al rito de la circuncisión y conceptualmente a mantener la pureza sexual.

Shuljan Aruj - el Código de Ley Judía, compilado por el Rabí Iosef Caro (1488-1575), el punto de referencia de la Halajá para todos los judíos.

Sidur - el libro judío de oraciones.

Sukot - festividad bíblica (en el otoño) que conmemora el cuidado benevolente de Dios del pueblo judío durante su viaje de cuarenta años por el desierto y Su continua providencia de bendiciones materiales.

Talmud - la Tradición Oral Judía expuesta por los líderes rabínicos, aproximadamente entre los años 50 A.E.C y 500 E.C. La primera parte del Talmud, llamada la Mishná, fue codificada por el Rabí Iehudá HaNasí, cerca del año 188 E.C. La segunda parte, llamada la Guemará, fue editada por Rab Ashi y Ravina cerca del año 505 E.C.

Tikún - rectificación.

Tikún HaKlalí - el «Remedio General» del Rebe Najmán, el recitado de diez Salmos específicos para rectificar los pecados (especialmente las transgresiones sexuales) en su raíz.

Tzadik (pl. *Tzadikim*) - persona recta; aquél que se ha perfeccionado espiritualmente.

Tzimtzum - contracción o desafío; con mayúscula se refiere a la retracción inicial de La Luz Infinita de Dios, para crear nuestro mundo.

Zohar - el clásico más grande de la Kabalá, un comentario místico de la Torá por el Rabí Shimón bar Iojai, en siglo II E.C.

Made in the USA
Middletown, DE
15 January 2021